IROHA
の
六宝陰陽学

あなたの彩り豊かな日々のお守りのような一冊になれますように――。

IROHA

Contents

ご自身や調べたい方の「六宝陰陽タイプ」「My cut」についてはP308-311の早見表をご参照ください。

Oracle Message

本書全体を通して、オラクルメッセージをランダムにお伝えしています。開いたところに見つけたら、それはあなたにとって今必要なメッセージです。直感で受け取ってください。

―オラクルメッセージはIROHAプロデュース「ella lua oracle card」より抜粋しています―

〝占い〟のこと

六宝陰陽学とは

はじめまして、ライフコンサルタントのＩＲＯＨＡです。
いつもＹｏｕＴｕｂｅチャンネル「ＩＲＯＨＡ ＴＡＲＯＴ」を観てくださっている方、書店で偶然手にしたという方、本書を通して出会ってくださったすべてのご縁に感謝致します。

占い師ではなく〝ライフコンサルタント〟と名乗っているのは、カードリーディングや占いというものは決して特別なものではなく、日々の生活に役立つツールのひとつだと思っているからです。
そして、占いというのはウェルビーイングでもあり、健やかな心のためのサプリのような存在だとも感じています。

私が占いについてそのような考えを持ち、学ぶことになったきっかけについて少し触れていきます。

幼い頃より、見えないはずのものが見えていたり、人が考えていることがわかってしまうという感覚があった私は、当時は周囲の人たちとなかなか噛み合わずに日本での学生生活に息苦しさを感じていました。

そうしたことから、中学校卒業と同時に渡英。

留学先のイギリスでは中世から占星術が学問として認知されており、スピリチュアルという概念が当たり前に生活に根付いていました。

私はようやく生き辛さから解放されたのです。

そこから、自然な流れで精神的な世界や占いというものに興味を持つようになりました。

私がアメリカ圏ではなくイギリスに惹かれたことも、今となっては納得がいきます。

六宝陰陽学の成り立ち

今でこそ〝タロットリーディングの人〟というイメージを持たれることが多いのですが、元々は占術やタロットは使わずに目の前の方から受け取る直感で占っていました。

当初、占いは頼まれた時にだけ、友人知人を中心にみていたのですが、口コミでいつしか数多くの方を鑑定するようになっていきました。

本来、論理的な見解をしないと納得できない、左脳派の「月のルビー」ならではの性質を強く持っている私。感覚をより言語化するためにも、ロジカルなアプローチもしながらお伝えしていきたいと考え、西洋から東洋まで統計学の占術を独学で学び、基礎的な知識を身につけていきました。

統計学としての占術、実際に数多くの方の鑑定をして得たデータ、感覚的な観点。これらから成り立ち、人生の心強いツールになると信じて考案したものが、あなたが今、手にとってくださっている「六宝陰陽学」です。

そして、「六宝陰陽学」はどうして〝宝石〟を基盤としているのか。このルーツは幼い時に遡ります。

私の祖母は東京・渋谷でドレスや制服のオーダーメイドサロンを営んでいました。自宅に併設されたサロンにはカラフルな外国製の生地が並び、当時人気だった女優さんやお洒落な奥様たちがお洋服を作りに来てくださっていて、宝石好きだった祖母のセレクトで、ジュエリーも販売していました。家には毎週、宝石商の方がやって来て、幼い私も眩い宝石たちに直接触れる機会を与えてもらっていたのです。

色とりどりのお洋服と宝石を身につけて笑顔になり、驚くほど輝きを増す女性たち――。

宝石や色が持つ力を目の当たりにし、石の魅力に惹かれていくようになりました。

そして、占いを学んでいくと同時に、人それぞれの生まれ持った特性と石の持つ特徴との共通点に気が付いたのです。

誰もが光り輝く才能、魅力、多くの可能性を秘めた〝原石（ルース）〟を持って生まれてきます。原石はそのままでも美しいものですが、磨いていくと形や光り方がさまざまに変化して、個性豊かな〝宝石〟となります。ルースの特徴を知っておくことで、最大限に輝く磨き方＝生き方の道標を知ることができるのです。

六宝陰陽学とは

あなたが宇宙から生まれた時に与えられた〝石〟がどのようなものなのか。世界中で古くから愛されてきた代表的な6つの石に分類し、さらに特性を太陽と月の「陰陽」で構成しています。

六宝＝６つの石
アメジスト・トパーズ・ルビー・パール・エメラルド・サファイア

陰陽＝太陽・月

これを組み合わせた12の「六宝陰陽タイプ」で、その方の生き方や価値観、個性や運気の傾向などを読み解いていくことができます。

なお、６つの石については、あてはまるものがその方の誕生石やラッキーストーンになるわけではありませんので、ご留意くださいね。

本書の使い方

「ＩＲＯＨＡの六宝陰陽学」はタイムレスな一冊として、生涯にわたってのツールとして活用できるよう、必要なテーマを３章にわけてお伝えしていきます。

「六宝陰陽タイプ」では基本となる個性や特性、
「Ｍｙ ｃｕｔ」では生まれ持った本質と相性の組み合わせ、
「時運」では12周期による運気のバイオリズムをご紹介しています。

そして、私からのインスピレーションメッセージとして「オラクルメッセージ」がいくつかのページに隠されています。
開いたところに今のあなたに必要なメッセージがあるかもしれませんので、思いついた時に探してみてくださいね。

「ＩＲＯＨＡ ＴＡＲＯＴ」を視聴されたことがある方はご存知だと思いますが、

私はタロットカードが本来持っている意味ではなく、あえて独自の解釈と感覚を使ってメッセージとしてお伝えしています。

同じく本書でも、石の意味やメッセージ、そして、世の中にある占術とは異なった解釈で記述しているところがありますので、ご理解の上、読み進めていただければ幸いです。

どうか、あなたの彩り豊かな日々のお守りのような一冊になれますように――。

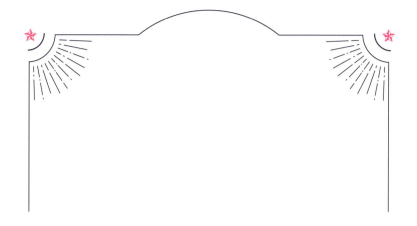

Chapter 1

六宝陰陽タイプ

「六宝陰陽タイプ」についてはP308-311の早見表をもとにディスティニーナンバーを算出してください。詳しくはP308をご参照ください。

Amethyst
アメジスト

《石のメッセージ》
――情熱と静寂を秘めた誇り高き紫の愛の守護石

石言葉は「誠実」「真実の愛」「高貴」「心の調和」。
紫水晶ともよばれ、その高貴な紫色は、
かつて王侯貴族や神聖な地位の人だけが身につけることを許されていた歴史があります。

深い純真の愛の石とされ、燃え上がった恋の想いを冷静に落ち着かせ、誠実さが高まるといわれていることから、愛を強く守り抜きながら育むという「愛の守護石」とされています。

また、直感やインスピレーションを高める神聖なパワーを持ち、
感情の波を鎮め、心の安定、ヒーリングなどの効果があるともいわれています。

《ストーリー》

ギリシャ神話では、
アメジストは美少女の化身とされています。
酒に悪酔いしてしまったお酒の神様・バッカスが遊び半分で、
今から最初に出会った人を猛獣に襲わせようとしていました。
そこにちょうど通りかかったのが、月の女神の女官であるアメジスト。

バッカスは猛獣をけしかけ、美しいアメジストを襲わせます。
今にもアメジストが襲われてしまうという時、
これに気付いた月の女神が、アメジストを純白の水晶に変え危機から救います。

この奇跡を目の当たりにし、酔いから覚めたバッカスは己の愚行を反省し、
水晶となったアメジストに献酒としてぶどう酒を注ぎます。
すると、純白の水晶は透き通った紫色に変わり、
美しい紫色の宝石になったと伝えられています。

アメジストの語源は古代ギリシャ語で〝酒に酔わない〟という意味の「amethystos」。
古代ローマではアメジストから作られた杯でお酒を楽しむことで、
気持ちが高ぶりすぎてしまった〝人生の悪酔い〟からも
自身を守ってくれるという言い伝えが残っています。

Amethyst　Sun

[太陽のアメジスト]

真っ直ぐに誇り高く
理想の世界で生きる人

《個性》

正義感が強く繊細な気遣いで周りを愛で包み込む

太陽のアメジストは、一途に真っ直ぐな思いを貫き、何事にも正面から向き合うことのできるピュアなハートの持ち主。正義感が強く、向上心も人一倍高い方です。完璧主義で日々自分のベストを尽くしたいと頑張って生きているので、何事にも抜け目なく、自分を律してきちんと下準備や勉強をするタイプ。ポジティブな発言と行動を心掛けると、持ち前の真面目な実直さを生かせます。

勤勉かつ博識で、学んだことをすぐに自分のものにしてアウトプットする能力にも長けています。

情深く、優しいオーラですべてを包み込むような包容力を持つ〝愛の人〟。人に対して細やかな気遣いができ、他者の気持ちに寄り添える繊細な優しさがあります。相手の気持ちを汲み取れるがゆえに、考えすぎてしまう傾向があるので、本音ではどこか人とのコミュニケーションに苦手意識があります。

愛情表現として相手にも自分と同じ考えを共有したいという傾向が強くあり、時に、正義感も相まって相手にも自分と同じような完璧さを求めてしまうことも。

太陽のアメジストのセルフブランディングは、向上心と正義感の強さが特徴。敏感に相手のことも感じ取れるがゆえに、人からの評価が気になりすぎて自分が出せなくなってしまうこともあります。

そして、意見を積極的に言いたいタイプなだけに、ご自身の考えがうまく伝わらない時には勘違いされてしまい、孤立してしまったり人間関係で疲れてしまうこともあります。

ご自身のスタンダードがお相手にとってはどうなのか、一度立ち止まってみると良い方向へ向かいます。

嘘がつけず真っ直ぐなため、真意が思うように相手に伝われば、その真摯で素直な姿勢は相手に安心感を与え、確固たる信頼関係を築くことができます。

世間で認められることで自身が満たされる

太陽のアメジストは自信を持って自分をプレゼンテーションして生きていきたいタイプ。同時にステータスも大事にしていて、いわゆるブランド志向といわれる方が多く、自分を高めてくれるようなラグジュアリーなものが好きな傾向があります。世の中でハイグレードとされているもの、世界中で認められているものを好みますが、それは決して背伸びではなく、そういうものが似合う自分でありたいという志の高さの表れなのです。

そのようなブランド志向というと散財するタイプかと思われますが、一方で冷静で堅実な部分も持っています。表面的にはきらびやかだけれど、実生活は意外と慎ましいという方も。

物質的な面だけでなく、マインド的にもブランド志向が強く、自分が理想とする世界で認められたい気質があります。

生き方やライフスタイルにもこだわりがあり、キャリアや地位、名声なども気にしますが、それ以上に自分に正直に生きたい方。人からの期待に応えられるだけの能力があり、頑張ってそれを築いていけますが、世間で認められることと同じくらい、自己の満足感や誇りを大事にしています。

持ち前の能力を存分に磨いて発揮し、幸せに生きるためには、「世間に認められること」と「自分が満たされること」が一致していることが、太陽のアメジストのスタンダードといえるでしょう。

太陽のアメジストにとって何よりも大切なのは、常に自分に自信と誇りを持って生きること。

ご自分にも厳しく、人からの評価を気にするところもあるため、物事がスムーズに遂行していないと感じる時は、虚勢をはっていたり、自身を責めていないかを内観してみましょう。スッと力を抜いて他力本願になれると現状を打破することができます。

《仕事・お金》

専門分野に特化した職業につくと才能が開花

太陽のアメジストは基本的に真面目な方。どのような種類の仕事もきっちり丁寧にこなせますが、自分が納得できる好きなことしかやりたくないと思うタイプです。

自分を向上させていきたいので、追求や研究、探求するような頭を使って何かを極めていくようなお仕事が向いています。こだわりが強いので、専門的な分野に特化すると素晴らしい結果を出す可能性が高い方。とくに、必要以上に人間関係を築く必要がないような、研究職や職人的なお仕事がおすすめです。

また太陽のアメジストは、他人の気持ちや考えに敏感なように、時代の空気というものを感じる感覚も優れています。そのため、時代の流れを読むような、感度の高いメディア系のお仕事も合っています。

そもそも太陽のアメジストは組織をまとめることにも向いていますし、人から期待されたり、「あなたにはぜひこれをやってほしい！」と言われると自信を持って頑張れるところもあるので、大役にも果敢に挑戦していくことができるでしょう。

基本は堅実。でも好きなものにはとことん投資！

お金に関しては、コレクションや趣味、美への追求といった、自分の好きなもの、価値を感じるものにはとことん投資します。むしろそのためにお仕事を頑張ろうと生き甲斐にもなるくらい。また、自分にとってプラスだと思うことにもお金をおしみません。

とはいえ、基本は堅実。ギャンブル的なことはせず、コツコツ計画的に貯金ができる方も多いです。周りからどう思われているかを気にしますし、お金にだらしない自分も嫌なので、金銭的なトラブルとは縁遠いタイプです。

《恋愛・結婚》

好きになるのは、自分と似ているスペックの人

恋愛に関しては、相手にも自分と近い感覚や似たような道を歩んできた方を求めます。常に向上していたいと思っているので、同じように意識の高い人に惹かれる傾向があります。

「完璧な人は望んでいない」と言いながらも、経済力やキャリアなどにおいて、自分と同様かそれ以上を要求してしまうので、自然と理想は高くなってしまいます。

自分にとって重要視をしている部分で高いステータスを持つ相手であれば、多少の感覚の違いがあっても我慢ができる場合も。なにしろ太陽のアメジストにとっては、自分の理想を叶えることが大事。これだけは譲れないというスペックやキャリアをお持ちの方、周囲にも自慢できるようなお相手をパートナーにするのがベストです。

太陽のアメジストは人に否定されることがとても苦手なので、そもそも恋愛に対して少し臆病です。

相手の気持ちを繊細に読み取れるだけに、本当は大好きなのに、あえてポーカーフェイスを装って行動に出られず自分の本音が言えなくなってしまったり、同時に真面目だからこそ、自分の考えや自身の歩むペースにも忠実でありたいと思い、それを相手にも求めてすぎてしまうことも。

そして、下心はなく、ただ純粋にその人のためを思って対応しているだけなのに、周りに八方美人な行動だと誤解されてしまうこともあるかもしれません。


そのため、周りも自分も幸せであるために、相手を受け入れつつ自分のご意見を伝えるように訓練することが大切です。

これは経験を積んで、コミュニケーションのトレーニングあるのみ。それすらも面倒だと思うと、お相手を作らずに生涯独身という道を選ぶ方も多そうです。そもそも太陽のアメジストが認める能力の高い相手というのは世の中になかなか見つからず、さらに妥協というものができない性分。

もちろん、独身という選択でも良いのですが、実は家庭を持つことにも向いているので、恋人やパートナーがいる方はコミュニケーションスキルを高めていきましょう。

頼もしい妻・頼れる夫になれる素質あり

太陽のアメジストは完璧主義かつ自立心旺盛なので、仕事を極めていける分、恋愛のチャンスを逃してしまうこともあります。仕事がうまくいっていると恋愛を放置しがちなので、婚期を逃してしまうこともあるかもしれません。

とはいえ、女性は結婚したら、家のことも仕事もできて、パートナーのケアや子育ても両立できる、良妻賢母といわれるような頼もしい奥さんになるタイプ。

結婚相手には「どんどん仕事を頑張ってほしい」と応援してくれるような人を選ぶのがベストです。

男性の場合は、「自分が一家の大黒柱となることで家族が幸せになる」と信じているので、頼れる夫になります。ただ、同時に結婚するとパートナーには自身の考えに従ってほしいという思いが強くなる傾向があります。

その信念を、お相手に誤解されてしまうこともあるかもしれませんので、ここでもパートナーとのコミュニケーションを大切にするように心掛けていきましょう。

《健康》

太陽のアメジストは胃の不調を起こしやすい方が多い傾向があり、とくに働きすぎやストレスに影響を受けやすいので注意。不規則な生活は避けて食事を決まった時間にとるようにしたり、外国などで普段食べ慣れないものには気を配りましょう。また、粘膜が弱い方が多く、鼻炎や喉の炎症を起こしやすいためビタミンCを積極的に摂ったり、冬は加湿器を置くようにしましょう。

《太陽のアメジストの運を磨くラッキーリスト》

☑ラッキーアクション…波の音を聴く、アフタヌーンティー
☑ラッキーアイテム…名刺入れ、リップグロス、ワンピース
☑ラッキーカラー…恋愛運 オレンジ／仕事＆金運 ピンク
☑ラッキースポット…整骨院、大型文具店、ホテルのラウンジ
☑ラッキー方位…恋愛運 東南／仕事＆金運 南西

《太陽のアメジストさんへ／開運メッセージ》

自分が良いと思うものを信じて、自分を高めるための努力と投資は惜しまないで。たとえ恋が後回しになっても、自分を高めた先には、そんなあなたにぴったりの素晴らしい出逢いが待っているから。

あなたにしかできない、スペシャルな成功体験を楽しんで！

Oracle Message

新たな始まり／目覚め

35 New beginnings

今、目の前にある世界が完成を迎え、新たなるステージが幕を開けようとしています。

Amethyst Moon

[月のアメジスト]

品格と優しさに溢れた
繊細な心の持ち主

《個性》

品がよく気配り上手な誇り高き常識人

アメジストならではの、センシティブで誇り高き人という性質を持っています。真面目で頑張り屋で、一度決めたことは最後まで一生懸命に取り組む粘り強さがあります。

但し、真面目で一生懸命なようで、実はほどよく手を抜けるという緩さがあるというのが、太陽のアメジストとの大きな違い。とくに、人目につかないところではONとOFFを極端に切り替えられる人です。

月のアメジストは、所作が美しく、上品で物腰柔らかでソフトなイメージ。自信はあるけれど謙虚に振る舞える人で、周囲から一目置かれるようなタイプです。ただ、月の特徴としてやや内側に向く性質を持っているため、控えめがいきすぎて消極的になってしまうことも。謙虚さを前向きに転換すると軌道に乗ることができます。

友人の数は多くはないけれど、付き合いは狭く深い。

仲間意識が強いので、友情を大切にします。心を開くまでにかなり時間をかける慎重派ですが、心を許した相手には何でもしてあげたいし、几帳面で心配りも人一倍できるので、しっかり者に見られがち。

他人を気遣える優しさや癒しのパワーも持ち合わせていて、相手に求められたら応えたいという〝与える人〟。時には与えすぎてしまって自分が傷ついてしまう、なんてことも少なくないかもしれません。そして、実は奥深くに眠る本当の気持ちを伝えることが苦手で、人付き合いではやや苦労することもあります。

対人関係の影響を受けやすいので、友人やパートナー、上司、部下など、自分にとっていい影響を与えてくれる人が周りにいると、本来の自分らしさを発揮できます。

あまりいい波長を感じられない人に対しては、自発的に距離を置くのが先決です。

太陽のアメジストが強気に自分をアピールしていくタイプなのに対して、月のアメジストは控えめな頭脳派タイプ。頭がいい人が多いので、時に突き詰めて考えすぎてしまうことも。正反対の視点から物事を捉えてみたり、思考の転換をすると、画期的なアイディアを生み出すことができるかもしれません。

自分にとって大切にしたい揺るぎない世界観を持っていて、自分自身やその世界を侵害されることだけは許せない人。ゆえに、あるがままの才能や個性を肯定されて育つと、自信を持って天真爛漫に人生を歩んでいけます。

《仕事・お金》

硬派に「好き」をとことん突き詰めて、晩年に花開く

クリエイティブだけれど、リーダーシップをとるのはちょっぴり苦手。マニュアルや決まりごとがあるほうがやりやすいタイプです。

ひらめきやアイディアを豊富に持っていますが、仲間意識が強いので、それをひとりで

推し進めていくより、みんなで創り上げていくことが得意。職場でのルールやルーティーンワークがあまり苦にならないので、協調性を重んじられるような会社が向いています。月～金はしっかりと働いて、安定したベースがあって土日は休み、週末は思い切り趣味に没頭するという働き方が向いています。

協調性があって物腰もソフトなので、職場の人間関係を乱すことなく、真面目にそつなく何でもこなせます。ただ、人間関係に深入りすると疲れてしまうので、必要以上の深い人付き合いは好みません。あまり自分の意見は主張しませんが、情報通で知識やアイディアは豊富にあり、慎重に計画を立てることもできるので、企画やイベント制作などの仕事において能力を生かすことができます。実は裏方のポジションが心地よいタイプ。

基本は真面目だけれど、頑張りすぎず適度に力を抜くことができます。ただ、隠れルーズなところが災いして、気を抜いた瞬間に失敗してしまうことも。重要なところでは気を引き締めて取り掛かることを意識すれば、回避できます。

そして月のアメジストは遅咲きな人が多い傾向にあります。充分すぎるほどの才能はあるのに、それを率先してひけらかすことなく遠慮してしまうがあまり、なかなか世の中に認めてもらえないタイプ。一見損な役回りのようですが、月のアメジストとって大事なのは、プライドをもって硬派に生きること。好きなことを突き詰めて自分を高めていくと、最終的にはきちんと世の中にも認められ、夢を叶えることができます。

金銭感覚は堅実、お金に恋愛が絡まないように注意

お金に対しての関心は希薄。生活に必要なお金は常に得られるような能力と運を持っているので、経済的には安定しています。

但し、趣味や推し活のため、美容のためならと、気付かぬうちにお金を散財しがちなところも。

レシートの整理を習慣にして支出を把握したり、貯金や節約を遊び感覚で楽しみながら、ご自分の将来のためにコツコツ貯めることも大事にしましょう。

お金に恋愛を絡めるのはご法度！

情がとても深いので、恋しているお相手のためを思ってお金を貸したりすると、騙されてしまうことも。嘘だと見抜いていても気づかないふりやつい見栄を張ってしまうところがあります。損失を被らないために、恋愛にはお金を絡めないのが鉄則です。

《恋愛・結婚》

愛される人気者なのに、控えめ気質から恋には不器用

基本的にはモテる人です。女性でも男性でも、優しくて気遣いができて品があって華やかですから、愛されるポイントというものをしっかりと押さえています。何もしなくてもモテやすいため、自分からは積極的には動きません。けれど、周りから根回しをしてもらうなど、そこも頭脳派で遠回しのアプローチを仕掛けます。また、相手の好みや気持ちを汲み取れるので、ご自分がいいと思った人に対しては合わせていけます。したがって、控

えめモードにさえ陥らなければ、お相手にも気に入ってもらえるようにうまくアピールすることができる人。

ただ、月のアメジストは、〝恋愛を楽しむ〟ということが難しいタイプ。

普段はしっかり者なのに、恋愛となるといきなり不器用になってしまい、相手の一挙手一投足に一喜一憂し、冷静に相手を見極めることができなくなってしまいます。プライドも高めなので、些細な見栄を張ってしまって素直になれないことも。

そして、表に見せている自分と素の自分に大きなギャップがあります。外では凛として所作も美しいけれど、家では気が抜けていて格好もお構いなし。表と裏の顔が違うので、パーソナルスペースの確保が不可欠です。

他人に対して、そのギャップが見えないぐらいの距離をとっていたいので、人と深く関わることが少々苦手なところも。マイ・ワールドを大切にしたいのと、他人の気持ちを敏感に感じ取ってしまうからこそ、億劫になってしまいます。とくに、素を見せなくてはならないパートナーシップでは、月のアメジストにとってやや悩みどころ。

結婚相手に安定した地位や名誉があるとベスト

結婚に関しては、誇り高く上昇志向も高いので、お相手には安定した経済力や家柄などがある結婚のほうがうまくいきやすいです。

ともに苦労して一緒に築き上げていこう、というような気質を持った人との関係性は不向き。すでにお相手もしくはお互いにある程度の収入があるなど、安定したファンデーションがあった上での結婚が向いています。満足できる土台があれば、お相手を尊敬して大切にしていくことが可能な人です。

とくに女性の場合は、パートナーにするなら、ベンチャー企業の社長というようなアグレッシブなタイプより、たとえば公務員、士業や医師、代々継承している老舗や大企業にお勤めなど、堅実といわれる仕事をしている方がうまくいきやすいでしょう。

また、几帳面な人が多いので、家計もしっかり管理ができ、女性なら賢い妻、男性なら頼もしい夫になれるタイプ。常識的でまっとうな生き方を好まれるため、お子さんができたら、自信を持って生きていくために必要な知恵や教養をつけるべく、教育熱心になりそうです。

心身のバランスを保つために家庭内でもマイ・ワールドは絶対死守。自分の好きな世界に思い切り入り込み、おひとり様時間を丁寧に楽しむと、心身ともにバランスを保てます。

《健康》

月のアメジストは若い頃は体力的に無理も出来てしまうのですが、健康を考えて運動を習慣に。デスクワークのせいでストレートネックになりやすく、首を寝違えてしまう方も多い傾向にあります。睡眠不足だとイライラしがちなので、早寝早起きをなるべく心掛けて。こってりとした食べ物を好んだり、暴飲暴食で胃腸が不調になりがちです。とくにご家族に糖尿病の方がいる場合は、甘いものや塩分の高いものの摂りすぎに注意を。そうでなくとも、スポーツドリンクやジュースなどは控えめにしましょう。

《月のアメジストの運を磨くラッキーリスト》

☑ラッキーアクション…朝活、お墓参り
☑ラッキーアイテム…スマホケース、カラーTシャツ、キャラクターグッズ
☑ラッキーカラー…恋愛運 黄色／仕事&金運 茶色
☑ラッキースポット…コンサート会場、サウナ、コスメ売り場
☑ラッキー方位…恋愛 南東／仕事&金運 西南

《月のアメジストさんへ／開運メッセージ》

あなたにしかないアイディアや発想力は宝物。それもあなたがご自分らしくいられる環境でこそ発揮されます。マイ・ワールドを大事にすれば、あなたのことを理解してくれる人たちが自然と集まってきます。自分の好きや心地よさを追求することが、何事も成功の秘訣です。

Oracle Message

49 Hope / Optimistic

希望／前向き／楽観的

あなたの目の前には、無限の可能性が開かれています。
リラックスをして一歩踏み出してみましょう。

Topaz
トパーズ

《石のメッセージ》
――直感力や洞察力を高め、希望を照らす太陽と火の宝石

トパーズの石言葉は「成功」「希望」「誠実」「友情」。
自分を最善の方向に導いてくれる、希望をもたらしてくれるという意味で「悪いものを遠ざける」「真実の友人や愛する人を手に入れる」パワーがある石と信じられています。

美しい黄金色に輝くトパーズは日本名で「黄玉《おうぎょく》」。
持ち主の直感力や洞察力を高め、
成功に必要なものを見極める力をつけるサポートをしてくれるといわれています。

《ストーリー》

トパーズの語源は、諸説ありますが、

紀元前の時代から紅海に浮かぶ「トパジオス島」という島で採掘されていたことから、島の名前にちなんで「トパーズ」という名前がこの宝石に与えられたという説があります。

この島は、船乗りが簡単にはたどり着くことができなかったために〝幻の島〟とされていたことからギリシャ語で「探し求める」という意味を持つ、「トパジオス」という言葉が島の名前としてつけられたそうです。

エジプトでは、トパーズを「太陽の宝石」と呼び、太陽神ラアの輝かしい光でその色になり、災害から身を守る力があるとされていました。

そして、古代ギリシャでは、トパーズは太陽神ジュピターに関係があるとされ、精神を強くし、魔術を解く力を与えてくれると信じられていたのです。

また、サンスクリット語で「火」を意味する「tapas（タパス）」からという説も。

聖書の中では、モーゼに与えられた「火の石」のひとつであるとされ、アーロンの胸当てにつけられたとして登場します。

そして、エルサレムの城壁の土台に飾られた12の宝石のひとつであり、使徒マタイとも関係が深い石です。

このように黄金色に輝くトパーズは、古来〝太陽〟や〝火〟の象徴として潜在能力やカリスマ性を高めてくれる石として大切にされてきたのです。

Topaz

[太陽のトパーズ]

Sun

時流に乗って軽やかに
常にフレッシュで行動的

《個性》

好奇心旺盛で流行にも敏感。軽やかに道を切り拓いて

太陽のトパーズは、いくつになっても心身ともに若く健康的なイメージで、フレッシュで可愛らしい印象を与えます。好奇心旺盛で初めて見聞きすること、珍しいものに目がありません。

トレンドには常に敏感にアンテナを張っていて情報通。新発売を聞くとすぐに飛びついて試してみるタイプです。

グローバルな感性を持っている方も多く、生まれながらにハッピーなバイブスを放っていて、どんな困難も持ち前の行動力で乗り越えていけます。

常に攻めの姿勢で大胆さがあります。

妄想や空想を楽しむことが好きで、発想力も豊か。視野が広く、アクティブにインスピレーションで行動し、時代の流れに乗って楽しく生きている人。

常にいろいろなことに興味を示しますが、反面で飽きっぽさもあるため、計画的に行動することや、腰を据えて何かにじっくり取り組むことは苦手。子ども時代に、授業を聞いていることが苦手だったり、習い事が続かなかった経験もあるかもしれません。

また、あらゆることに対してチャレンジ精神が旺盛だからこそ、ひとつのことをじっくりと深掘りするよりも、いろいろなことに広く浅く手を付けたいタイプ。そのため、経験値のわりに結果がともなっていないことも多々ありますが、本人はさほど気にしません。


結果よりも過程を楽しむことが大事。

失敗しても「挑戦してよかった」と思える前向きな性格です。そこが今の時代の空気感にフィットしているため、執着のない軽やかさを生かしていくことで、運を切り拓いていけます。


長丁場のシリアスな話し合いなどは少々苦手。

コミュニケーション能力は高いのですが、そういうシチュエーションに置かれてしまうと自分をうまく表現できなくなってしまいがちです。

ただ、その自分に嘘のつけない純粋さは太陽のトパーズのチャームポイントでもあります。素直に生きている証しとして、大切にしてほしい個性です。子どものように自由で流動的に生きることで、魅力を発揮していきます。

「自分は自分、人は人」と捉える、平和的で愛される人。

ご自分の世界観はしっかりと持っていますが、人に対して決めつけやコントロールはなく、相手の個性を尊重し、違いを楽しめるタイプ。平和的で誰からも愛されます。人脈も幅広く、いろいろなご縁から多くのことに挑戦する機会をもらえます。

人が好きでフットワークも軽いため、華やかでたくさんの人が集まるようなイベント事には積極的に参加しますが、実は同じくらい自分一人の時間も大事な人たちです。太陽のトパーズは自分時間が足りなくなった時は、ストレスから愚痴が多くなることも。そして、ご自分の正しいと思うことに対してぶつかってくる人に対しては、少々強く出るところも。正面切って目の前の人には言いませんが、溜め込んでしまうとストレスになるため、誰かに愚痴を言いたくなってしまう時は、ストレスや疲れているサインと認識しておくといいでしょう。

基本的に太陽のトパーズは、その瞬間瞬間を新鮮に楽しんでいきたい方。その上で、楽しみながら実績も築いていくことができれば完璧です。「何歳くらいで結婚したい」、「この歳までにいくらぐらいの貯金を貯めておきたい」「何歳の時にこういう仕事をしていたい」といった感じで、人生の計画をある程度立てておくと、自分軸からブレることなく、楽しくて実りもあるという、メリハリのある人生が送れます。

人見知りせず、誰とでも仲良く付き合うことができ、人脈が増えることで幸運を掴める方なので、特定の人に執着をしないことが太陽のトパーズの運気を磨くコツ。「次、次」と流れにゆだねていく生き方が、風の時代にとても合っています。

永遠の少年少女のような純粋さで、軽やかに生きていきます。

感度の高さを生かせる新時代の働き方を選んで

時代を読むのが上手で流行に敏感な太陽のトパーズは、とくにメディア関連やファッション業界で輝ける人。ＹｏｕＴｕｂｅｒやインフルエンサーなど、まさに時代を体現するご職業も合っています。フリーランスなど、自分本位で働けるスタイルもおすすめです。会社員であれば、情報力やフットワークの軽さを生かせる商社やアパレル企業での販売、営業職などが向いています。刺激の乏しいルーティーンワークや堅い仕事はあまり向いていません。

生まれつき話術に長けている人が多いため、接待といわれるようなシーンもお得意。クライアントに信頼されて仲良くなり、大事な仕事を獲得するなど、学生時代よりも社会に出てからのほうが能力を発揮することができます。

稼ぐ力は高いけれど、見栄からの散財には気をつけて

充分な収入を得ることはできますが、金銭感覚にも瞬間の楽しさを優先させてしまうところがあり、欲しいものがあると後先考えずに衝動買いしてしまいがち。収入は多いけれど、その分出費も多いタイプ。そのため、お給料日前には困ってしまうような状況になることも。また、お金を借りることに対してもポジティブな解釈になりやすいため、無計画な借金には注意が必要です。

とくに男性の場合は、見栄を張る傾向にあるため、余裕が無いのに人にご馳走したり、高価なプレゼントを贈ったりと身の丈に合っていない行動に出ることも。お金を稼ぐ力はあるので、無駄な出費をしてしまわないように、男女ともに、未来の自分や家族のために住宅を購入したり、形あるもので財産を残しておくことをおすすめします。

《恋愛・結婚》

適度な距離感を持って自分もパートナーも大事に

太陽のトパーズは、基本的には誰かを好きになってもどっぷりハマることはありません。基本的に執着心があまりない性質で、相手をよく見る心の余裕があり、恋愛には少々ドライな一面も。若い頃は恋に振り回されることがあっても、とくに社会に出てからは恋愛至上主義ではなくなります。

恋は楽しみたいけれど、仕事も頑張りたいし、趣味の時間も大切なので、エネルギーをバランスよく分散させたいタイプ。そのため、恋人に寂しい思いをさせてしまい、相手が浮気をする隙を作ってしまうことも。

恋愛・仕事・趣味のエネルギー配分は同率ですが、恋愛に興味がある時は恋愛、仕事に興味がある時は仕事というように、その時の気分で注力するものへの熱量が変わるため、恋愛に興味が向かなくなると恋人をおろそかにしてしまいがち。

自分にはないものを持っている人が好き。相手のダメなところや、自分よりも劣っているところを見つけてしまうと、一気に気持ちが離れてしまうことも。恋する相手には、常に自分が興味を持てる存在であることを望みます。

従来の形式にこだわらず友達のような円満家庭を築く

結婚願望はさほど強くありませんが、結婚をしたら家族をとても大事にします。それでもやはり、自分の仕事や趣味の時間は大切にしたいので、パートナーや子どものプライバシーも尊重しつつ、家族とはいえほどよい距離感を保ちます。

夫婦になっても、パートナーとは常にフレッシュで恋人のような関係でいたい人。お互いに束縛をしない、友達のように対等な関係性が居心地の良さの秘訣です。一般的な結婚という概念にとらわれず、お財布を別々にすることや別居婚もOKしてくれるような方をパートナーにすると結婚生活も自分らしく楽しむことができます。

子どもとの関係も、まるで友達同士のよう。子どもをひとりの人格として尊重し、親といえど、自分の期待を押し付けることはしません。

とはいえ、子どもの個性を伸ばすような教育に対しては熱心で、たとえばフィギュアスケートを習わせたり、インターナショナルスクールに通わせるなど、特殊な技能やグローバルな感覚を身につけることには情熱を注ぐ親になりそうです。

《健康》

思い悩むと胃が痛くなったり、眼精疲労や頭痛、腰痛持ちの方が多いタイプ。基礎体力やスタミナをつけるための食生活や運動は心身ともに健康にしてくれます。偏食の傾向もあるので、ジャンクフードや甘いものを食べる際はチートデイとして時々楽しむ程度にしましょう。

《太陽のトパーズの運を磨くラッキーリスト》

☑ラッキーアクション…海外旅行、セミナーや講習会に参加する
☑ラッキーアイテム…水筒やタンブラー、スポーツウェア、貯金箱
☑ラッキーカラー…恋愛 グリーン／仕事&金運 イエロー
☑ラッキースポット…懐かしい場所、スポーツジム、野外イベント
☑ラッキー方位…恋愛 東北／仕事&金運 南東

《太陽のトパーズさんへ／開運メッセージ》

あなたは生まれながらに、どんな状況でも楽しむ術を知っている人。常に前向きに、「今」を生きるあなたは輝いていて、周りにポジティブな影響を与えます。自分ウケする生き方を貫けば、変化に富んだ充実の人生を歩んでいけます。迷ったら〝軽やかさ〟や〝心地良さ〟を感じる方を選択しましょう。

Oracle Message

65 Courage/ Power

勇気／戦士／力

今が勝負の時です。あなたには、何事にでも打ち勝てる強さが備わっています。自分を信じて突き進んでみましょう。

Topaz

Moon

[月のトパーズ]

子どものように自由に生き

調和を生み出す慈愛の人

《個性》

マイペースながら洞察力に優れ、気遣い上手

太陽のトパーズが夏の太陽だとしたら、月のトパーズは暖かい春の日差しのように明るくソフトな中に、深い洞察力や揺るぎない信念を持った人。自分に正直で、人間関係の調和を大事にしつつ、軽やかで平和に生きたいと望みます。目の前にいる人の気持ちを汲み取る能力が高いため、どんな時にも相手が欲している言葉をかけることができ、深い愛に満ちた人間関係を築けます。

妄想好きかつマイペースなので、心はティーンエイジャーのようにピュアでフレッシュ。見た目も実年齢よりお若く見られる方が多いでしょう。若々しい感覚を持っているがゆえに純粋な正義感からの反発心をちらりとのぞかせることも。「でも」「だって」「逆に」という、逆接の接続詞が口ぐせの方が多い傾向があります。空腹や睡眠不足だと、不機嫌になってしまうこともあります。

言動は、柔和ながらもあっさりとサバサバしています。

本質的には人に対しての興味が希薄なため、「人は人、自分は自分」と割り切れる分、ほど良い距離感で人間関係を楽しめる、良いとこ取りができる人ですが、淡々と生きているようで、実は冒険や刺激や変化が大好き。表面的な印象と中身にギャップがあるため、知れば知るほどおもしろみや魅力を感じてもらえるタイプです。

楽観主義で、陽気で軽やかな印象を与えますが、同時に相手の気持ちを深く考察する力にも長けているため、他人からの目線や評価を気にして、自分のイメージを左右するような些細な事にこだわりが強くなることもあります。それだけに、考えすぎや妄想が行きすぎてしまうと、余裕をなくしてしまう側面も。ただ、基本的な性質は楽観的なので、「まあ、いっか！」と、すぐに他のことに興味を移してケロッと立ち直ってしまうのが、月のトパーズのいいところ。

人の心や状況を見抜くことができ、コミュニケーションも上手ですが、大事なことは内に秘めて、実は本当に言いたいことは相手に言えなかったりします。ご自分の内面を人に知られることもあまり好みません。そのため、人前では明るいけれど、自分の中では人知れず悩みを抱えているタイプでもあります。ただ、そこにじめじめとした暗さはなく、基本的な性質は軽やかです。

自分にとって重要な人には、常にその方にとっての一番でありたいと願います。兄弟姉妹がいる場合、自分が一番親から注目されたいと思っています。そのため、持ち前の考察力から、あえて親に気に入られるようないい子を演じたり、反対にあえて問題を起こして親を悩ませることもあります。その傾向は、ご自分にとって重要な人に対してだけ顕著になるため、親だけでなく、好きな人やパートナーなどにも同様です。

そもそもは石橋を叩いても渡らないタイプ。軽やかに見えて実はかなりの慎重派です。基本的には余裕を持ってふんわりと生きていたいので、自発的な行動や挑戦を好みませんが、運気に停滞感を感じる時には一転して行動的になります。「動かなければ始まらない！」と自分を奮起させ、攻めの要素が強まります。人生の様々な変化によって必然的に追い込まれ、結果として経験値が上がっていく人です。

自然体なので、自然と人が寄ってくるタイプですが、誰に対しても優しくてオープンな雰囲気があるため、運気が滞っている時は人から騙されてしまいやすい傾向があります。

本来は子どものように自由に生きている月のトパーズの開運のカギは、流れを停滞させないこと。運気が下がっていると感じた時は、意識的にご自身のなかで違和感を感じる人間関係を潔く手放していくと、新たな縁を呼び込んで運気を上げることができます。

《仕事・お金》

感度が高くクリエイティブで、マルチタスクが大得意

有能ながら偉ぶらず、自分にも他人にも優しい人。知識も豊富で探究心に溢れた勉強家。

誰もがうらやむクリエイティビティに長けていますが、それをひけらかしたりせず、偉ぶりません。

情報や最新のトレンドに対する感度が高いため、流行を作り出すような雑誌やウェブメディア、流通、最新技術や若い女性に関わる仕事が向いています。美的センスに秀でているので、デザイナーやクリエイター、美容系のお仕事も適任。

基本は真面目ですが、慣れてくると気がゆるみ、うっかりが多くなることも。また気分屋なところもあるため、少々不安定なくらい流動性がある仕事のほうが楽しめるタイプです。

人脈の多さが幸運を引き寄せるので、転職や副業をするほど、成功していきます。気になるものはとりあえず着手してみるといいでしょう。

給与や福利厚生などの条件より、調和した人間関係や、楽しい雰囲気で働けること、自分のスタイルを貫けることを重視します。サービス精神旺盛で好かれるキャラクターであるため、職場ではムードメーカーになりがち。人前に立つサービス業や営業などでも活躍できます。

お金を稼ぐのは得意だけど、貯金は不得意

お金を誘導できる能力があるので、投資も得意。一方で自分のお金には無頓着なところがあり、仕事や目の前にあることに没頭できていると勝手にお金が貯まっていくタイプ。ただ、うっかり同じものを買ってしまったり、趣味や遊びには浪費しがちです。時には、クレジットカードで借金に陥ってしまうことも。きちんと貯蓄や財産形成をすることが賢明です。

ファッションにお金をかけるのも好きで、流行アイテムはいち早く手に入れたいタイプ。子どもとのリンクコーデを楽しむのも好きで、年齢を重ねていっても、質素で堅実な暮ら

しとはならないタイプです。

《恋愛・結婚》

独自の恋愛観や理想の形を突き詰めて

小説や漫画、映画などから恋愛のインスピレーションを受けることも多く、ドラマティックな展開を妄想して楽しみます。ただ、一般的に理想といわれる恋愛や結婚に憧れつつも、本来は他人に対しての興味が薄いため、ご自身のなかにある恋愛観は実は異なっていることがほとんど。年齢を重ねるにつれてそのギャップに気付いていきます。

好きになる人の理想は高く、特殊なスキルや才能に秀でた人やセンスのいい人、周囲から一目置かれているような人に惹かれます。また、同時に母性をくすぐるような子どもっぽさをお相手が持ち合わせていると、恋の本気スイッチが入ります。とくにファッションセンスは、個性を重視する月のトパーズにとって外せない条件のひとつ。

束縛を嫌うため、適度な距離を保ち自由を感じさせてくれる人が好相性。そもそも結婚願望はあまり強くはありませんが、周囲の友人が結婚し始めると、焦ってしまうことも。けれど、本質は人一倍こだわりが強く自由奔放ですから、妥協して結婚を決めるのは禁物です。良い関係性を続けていく上で、お互いに求めているものが一致していることが重要。独自の恋愛観や理想のパートナーシップをご自身で把握しておくことが先決です。別れた人に対してはすぐに興味を失い、次の恋を上書きしていきます。

意外と保守的な面もあり、「自由でいたい」けれど、「結婚とはこうあるべき」という固定観念のせめぎ合いに苦しむことも。自分の理想と社会的なモラルの狭間で葛藤を抱えることがあります。束縛をせず、好きなことをしていいと応援してくれるような寛大なパートナーがベストです。

子育てに関しては、反面教師で意外と保守的な教育方針に。子どもができると教育熱心な親になります。自身は、〝コツコツ地道に〟というのが苦手なため、子どもにはそうあってほしいと、堅実で正統派な生き方を期待する傾向があります。

《健康》

健康面は基礎体力を強化することで、メンタルも身体も安定します。とくに、胃腸、扁桃腺、腰痛を患いがちなので、日頃から労ることを忘れずに。睡眠時間をたくさんとらないとダメなタイプのため、時間を確保して隙間時間に昼寝をするのもおすすめです。また、口内炎や虫歯にもなりやすいため、栄養バランスを考えた食事を中心に、揚げ物や甘いものは時々のお楽しみにしましょう。

《月のトパーズの運を磨くラッキーリスト》

☑ラッキーアクション…一人旅、遠出した際にはお土産を買う
☑ラッキーアイテム…ヘアアクセサリー、鏡、ヒールの高い靴
☑ラッキーカラー…恋愛運 黄緑／仕事&金運 赤
☑ラッキースポット…バー、アクセサリーショップ、美容院
☑ラッキー方位…恋愛運 東／仕事&金運 南

《月のトパーズさんへ／開運メッセージ》

あなたの優しさや存在自体に癒されている人は多いはず。そんな周囲の期待に応えようと、自分の本音を抑えてしまうことも。実はあなたの自然体こそが、その癒しであり愛されポイント。マイペース、マイ・ワールドを軸に人脈づくりに励むと、理想通りの人生が送れます。また、他の人とは違う感覚こそがあなたらしくあることだとご自分が肯定し続けてあげると、自信が持てるようになります。

Oracle Message

79 Adventure / Journey

冒険／旅立ち／旅／自由

あなたの準備は整っています。あれこれ難しく考えるよりも、まずは一歩そこから踏み出してみましょう。

Ruby

ルビー

《石のメッセージ》

──ほとばしるような情熱をたたえて深紅の輝きを放つ宝石の女王

魅惑的な深紅の輝きを放つルビーは、その美しさと希少性で「宝石の女王」と呼ばれ、圧倒的な美しさは、人々に畏敬の念を与え続けています。

イギリスの文豪ウィリアム・シェイクスピアが『真夏の夜の夢』の一節で「ルビー、それはまるで妖精の贈り物」と表現したほど。ルビーなしに宝石を語ることができないほどの、大きな存在感のあるジェムストーンなのです。

石言葉は「情熱」と「勇気」。

〝勝利を呼ぶ石〟とも称され、パワーを引き出してくれます。

情熱、官能などの形容詞が相応しい強い個性と、惹き込まれる美しさ。

その輝きは、古来より魔除けや威厳の象徴として、時には秘薬としても珍重されてきました。

《ストーリー》

インドでは古代より、サンスクリット語で「宝石の王」を意味する「ratnaraj」と呼ばれていたそう。

また、ルビーの語源はラテン語で「赤」を意味する「ルベウス」とする説もあります。

赤は人の情熱をかき立てる色であることから、

嫉妬や愛への疑念を払う力がある石としてギリシャ・ローマ時代から神聖な石とし

て扱われていました。

古代ローマでは止血効果があるとされ、粉末薬にして飲んでいたという説もあり、ルビーの最も古い原産地として知られているビルマ（現在のミャンマー）の戦士たちの中には、戦いで自分を無敵にしてくれるものと信じて体内に埋め込んでいた人もいたとか。

もちろん、医学的な根拠はありませんが、古来ルビーがいかに人々を魅了し、神秘的なパワーを持つ石とされてきたかが示されている逸話のひとつです。

旧約聖書のなかにも、ルビーに関する記述がいくつか登場します。

そして、西洋文化の誕生とともに、ヨーロッパ諸国の王室や上流階級で最も求められる宝石のひとつとなりました。

ルビーは古代から現代にいたるまで、情熱や勇気、そして富と成功の象徴として、輝きを放っているのです。

Ruby

[太陽のルビー]

Sun

自分を信じて直感で進む
孤独を愛する一匹狼

《個性》

揺るぎない誇りと強い意志、秘めた熱いハートで突き進む

揺るぎない誇りと思いを持って、何事も楽しくこなせてしまうパワフルな人。普段は冷静で地に足がついているため、一見すると物静かにみえますが、内に情熱を秘めていて、一度着火すると燃え続ける、実は熱いハートの持ち主です。

団体行動が苦手で、ひとりの時間が必要なタイプ。群れずに単独行動を好み孤独を愛してはいますが、情熱があるので、仲間意識は強く持っています。また、実は寂しがりやな一面も。

先に頭で考える左脳派で論理的。人付き合いは少々苦手なので、伝え方はあまり上手ではありません。考えすぎて行動できず、チャンスを逃してしまうこともしばしば。ひと言が足りないためにケンカになってしまいがちなので、「ありがとう」や「ごめんなさい」

を徹底するといいでしょう。また、後の食い違いを絶対に避けたい時は、口頭で伝えるより、メールや手紙で思いを伝えるほうがベターです。

ただ、考えすぎて行動するまでにやや時間がかかるところを、ご自分では「不器用」だと過小評価していますが、他者からは「早とちりをしない賢い人」と信頼されているポイントでもあります。

じっくり物事を考えはするのですが、最終的には直感で決める人。

実は敏感で鋭いインスピレーションを持っていますので、最後は鋭い勘でズバッと決められる方です。

自分軸がしっかりとある方なので、そのため〝とっつきにくい人〟と誤解されやすくもあるのですが、「人は人」と割り切れる柔軟な視点を意識すると、うまく付き合っていくことができます。なかには、あえて他人と違う意見を主張するような、あまのじゃくな一面がある太陽のルビーもいますが、悪気はありません。

マイペースだけど一途で義理堅く、信頼できる人。

慎重で我慢強く、頼れる影のサポーター的な存在です。責任感が強く、与えられたことは忠実にこなしますし、人に求められたり喜ばれれると、頑張ってしまいます。ただ、ご自分が納得したうえでの行動でないと力を発揮できません。

とにかく一途で、何事に対しても一度決めたらフラフラとはしない方です。自分の中に確固たる価値観があり、その価値観を守るように生きていき成功するタイプ。義理堅く、信用と信頼を人生において一番大切にしています。マイペースですが、破天荒で危なっかしいタイプではなく、着実に何かを残していけるような安定感があります。

勉強家で、将来のことを考えて何らかの資格を取得する方も多く、何でもやりだしたら、自分なりのやり方できちんとやりたいマメな人でもあります。大抵の人が苦手と感じるような作業においても、自分にハマるとすごい力を発揮することができます。

物に対する収集癖もややあります。気づくと、部屋に何年も着ていない服やひと昔前の古いものなどが溢れていることも。物を大切にするため、物持ちが良いのは素晴らしいのですが、とくに運気がスローペースだと感じる時は、積極的な断捨離と整理整頓で心を整えるのがおすすめです。

芸術や美術、神社仏閣、遺跡など、古いものへの造詣も深く、博識な方も。狭く深く、好きなことだけをとことん突き詰めるタイプゆえ、その知識はかなりニッチなこともあります。

《仕事・お金》

妥協しない粘り強い地道な努力が認められる

注目を浴びることを避け、お祭り騒ぎのようなことには参加しない一匹狼タイプ。こだわりが強く、自分のことをよく理解しているため、実力以外のことや向いていないことには手を出しません。

基本的に働くことが好きで、苦労は買ってでもします。仕事を覚えるために頑張って働くというスタイルです。裏方として地味な努力を丁寧にコツコツ積み上げていく姿勢が周りから認められ、評価を獲得します。そのため、時間と忍耐を必要とする職人的な仕事や研究職、変化の少ない仕事、医師や看護師などの体を使う仕事が向いています。

人が見ていないところでも手抜きはせず、自分なりのこだわり、そしてプライドとポリシーを持って仕事に取り組んでいきたい方。どんな仕事においても、「自分はこれだ」と思って情熱を燃やせば、時間がかかっても必ず結果を出し、評価してもらえます。

世界観を広げるために、芸術やファッション関係など、あえてクリエイティブな業種に挑戦することもおすすめです。チームプレイでは人間関係でのご苦労が出てくることもありますが、めげずに続けられる方なので、次第に周囲から認めてもらえるようになります。

質素で堅実なので、自然と貯まったお金を無理なく運用

「お金は努力して頑張って働かないと入ってこないもの」という固定概念を持っているため、とても勤勉で経済的にも安定しています。ですが、お金を追いかけたらうまくいかなくなることもよく理解していて、お金のためだけには頑張らない人です。太陽のルビーは、自分がしっくりくる仕事でないと才能を発揮することができません。

堅実で度を超えるようなお金の使い方はしません。ギャンブルや無意味なことにはお金

を使わず、地味な生活を好みます。節約したり、家計簿をつけたりとコツコツ地道に貯金をすることが趣味のように楽しめるタイプです。

投資をするなら応援したい団体や個人に寄付をしたりと、自分の利益やリターンよりも誰かの役に立っていると感じられるお金の循環の仕方が向いています。

《恋愛・結婚》

一途でロマンティスト。でも自分のペースは守りたい

太陽のルビーは、好みもはっきりしていて一途。似ているタイプのお相手を好きになることが多い傾向があります。そして、ちょっぴり恋に恋してるところも。本気で相手を愛してるというよりも、〝その人を愛している自分

を愛している〟ような感覚がある方も多いのでは。自分のペースは守りたい性格ですから、恋に溺れるようなことはありません。

恋愛に限らず、人間関係において、本心を言えなくてチャンスを逃してしまう傾向があります。相手の気持ちを深読みしすぎることを抑え、率直に気持ちを言葉にすることを心掛けると、誤解のない関係性を築くことができます。

太陽のルビーは金銭感覚も堅実。家事を頑張っている自分も好きで、家庭的な一面もあるため、しっかりものといわれる奥さん・旦那さんになれる人。

恋愛と結婚は別物と捉え、恋愛には楽しさやときめき、結婚には「大切にされている」という安心感や、現実的な関係性を築いていけることを求めています。真面目で心が広く、堅実な人を相手に選ぶと幸せになるタイプです。

代々継承しているものや血のつながりを重んじるため、家庭第一で家族の絆を大事にすることをパートナーにも望みます。ご自分の家柄に合うこと、家系を理解してくれること、自分の家族も大事にしてくれることが、パートナーに望む条件という太陽のルビーも多いはず。

家族に誇りを持っているため、本来プライバシーを尊重したいタイプではありますが、家族のことになるとついつい人に自慢してしまいます。

結婚後も、自分のリズムや生活パターンは変えたくないというポリシーをお持ちです。

《健康》

ルビーは太陽・月ともにタフな働き者でワーカホリックになりがちな一面もあるので、意識的にストレス発散や休息をとることを心掛けてください。ストレス発散のために欠かせないのは、家族との時間以外にひとり時間を作ること。旅行やライブなど、刺激がもらえる好きなことに没頭するのがおすすめ。体力があるので、ジョギングや格闘技など激しめの運動も向いています。

信念が強いのは良いことですが、独自の健康法や偏ったサプリメントの摂取などは、逆に健康を害することもあるため注意が必要。

膀胱や子宮系が弱い傾向があるため、冷たい飲み物を摂りすぎないことと、女性の場合は生理中にお腹を冷やさないように心掛けましょう。

夜型の方も多いタイプのため、割り切って睡眠は自分のタイミングで上手に取るようにすると、眠れないストレスから解放されます。

《太陽のルビーの運を磨くラッキーリスト》

- ☑ラッキーアクション…ガーデニング、歯のメンテナンス
- ☑ラッキーアイテム…雨の日グッズ、キッチン雑貨、個性的なデザインのアクセサリー
- ☑ラッキーカラー…恋愛運 ブルー／仕事&金運 黄緑
- ☑ラッキースポット…デパ地下、輸入物を扱うお店、神社
- ☑ラッキー方位…恋愛運 北／仕事&金運 東

《太陽のルビーさんへ／開運メッセージ》

誰もが新しいものに目を向け、時流に流されたとしても、本質的に大切な物事を見抜き、それを守り通すことのできるあなたは、周囲にとって安らぎや安心感を与えることのできる人。自分をよく理解しているので、決意表明と目的意識を大事に、情熱を感じることには真っ直ぐに突き進むことで、人生が華やいでいきます。

Oracle Message

95 Cautious / Hesitation

慎重／疑い／遠慮／迷い

あなたは今、視野が少し狭くなっているかもしれません。
一旦立ち止まって冷静に状況を俯瞰してみましょう。

Ruby

[月のルビー]

Moon

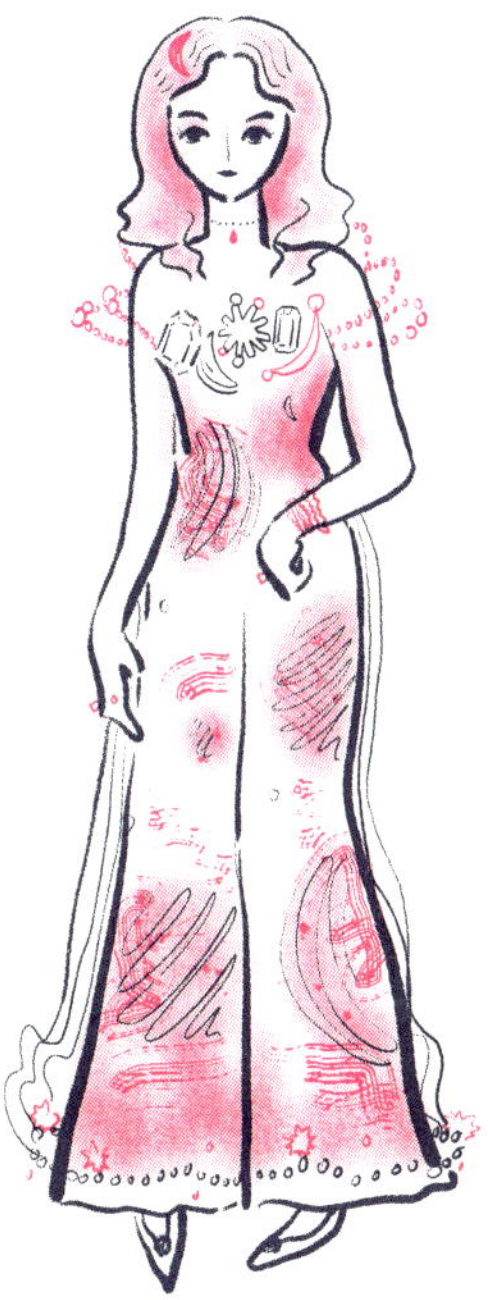

クールに見えて情熱家
好きなことには猪突猛進

《個性》

直感を武器に、底知れぬパワーで器用に歩む人

自分軸をしっかり持ち、はっきりと自己主張ができる人。自分がこうと決めたことはとことん貫く強さを持ち、負けず嫌いでもあるため、自分が納得できないことや違和感を感じるものに対しては、権力者や目上の人にも正々堂々と意見することができます。但し、向上心や野心はかなりお持ちですが、表向きはそういった素振りは見せません。

基本的には冷静で論理的。同時に良くも悪くも猪突猛進なところがありますが頭の回転が速く、臨機応変に立ち回る要領の良さも持ち合わせています。

とくに若いうちは周囲のアドバイスを聞き入れず、壁にぶつかっても、その壁を倒す勢いで突き進んでしまうため、不器用で伝え方がつたないところが顕著ですが、年齢を重ねるとともに柔軟な対応を覚えていくことで、人生を流れに乗せていくことができるようになります。

また、先入観や思い込みにとらわれず、苦手だと思っている物事にもポジティブな解釈を試してみると、逆に「好き」や「得意」に変換できる才能も持っています。

ついつい先のことばかりが気になってしまう性分ではありますが、今ある幸せを見落とさないようにすると、運を切り拓いていくことができます。

感性が豊かで、新たなアイディアを生み出したり、芸術的な才能を発揮することもできます。物事がうまく運ばず困った時は、月のルビーに意見を求めると、画期的な打開策が見つかることもあるでしょう。

いろいろな人や物事に興味があり、知識が豊富。自分の世界観は守りたいのですが、同時に世界観を広げたい欲も持っており、とくに若いうちは積極的に人脈を広げていきます。

人の話を引き出すことができる聞き上手さんが多く、巧みに人に合わせることができます。コミュニケーション能力は高いのですが、保守的で入り口が狭いため、自分と波長の合う人には深く入り込んでいきますが、誰にでもむやみに深入りすることはありません。

人に興味を持ち、気遣いもできるため、プレゼント上手でもあります。押し付けにならず、相手の状況や好みを配慮した贈り物を選ぶのが得意です。そのため、誰かにプレゼントを選ぶ時には、月のルビーにアドバイスを求めるといいでしょう。

交友関係は狭く深く。

第一印象は近よりがたい印象を与えますが、実は気さくで友好的。一度仲良くなるとどこまでも心を開き、深い付き合いを築きます。機転が利くためその場その場で相手の波長に合わせることも得意。心根が優しく、お気持ち優先で動いてしまうところがあるため、情から騙されてしまうようなこともあるかもしれません。信用している方のアドバイスに耳を傾けてみて。

《仕事・お金》

好きという気持ちが原動力！　どんな仕事も器用にこなせる

与えられた仕事を淡々とこなすだけでは物足りず、それ以上のクオリティや成果を提供できるように頭を働かせて頑張れる人。また、オリジナリティやインスピレーションでも動ける、器用な人です。そして、有言実行。一度決めたら最後までやり抜く実直さや忍耐強さがあります。

何事も納得するまでとことんやりたい人で、逆に納得しなければ梃子でも動かない頑固なところも。自己流を追求するがゆえに時間がかかってしまったり、独特な方法で仕事を進めたりするため、職場では浮いてしまうこともあります。自己満足にならないためには、求められていることに応えるという柔軟性も取り入れられるといいかもしれません。

何でもこなせてしまいますが、「自分がやる」と決めて動くことが重要。自分に響かなければ、どんなに好条件のオファーがあったとしても動きません。真面目で細やかな性格のため、事務系のお仕事でも力を発揮しますが、類稀な発想力を生かしてクリエイティブなお仕事で活躍する方も。経験とともに、右脳と左脳、どちらもバランスよく使いこなせるようになるため、30代半ばを過ぎたあたりから独立・起業するのもおすすめ。探究心もあるため、研究職や教育、技術職も向いています。また、健康や食に関する知識をいかしたようなお仕事も合っています。不向きだと思われる仕事であっても、好きになると長く続けることが可能ですが、一度転職すると癖がついて何度も繰り返してしまう傾向も。

ルビーの特徴として、太陽・月ともにハードワーカーになりがちなので、意識的にオンオフを切り替えるようにしましょう。人並み外れた集中力とせっかちな気質が合わさり、頑張り過ぎて空回りすることも。自分的には少し手抜きかもと思うくらいの要領で取り組むことで、物事がスムーズにいきます。

突発的な散財に気をつければ順調に貯蓄もできる倹約家

お金に関しては基本的には堅実で無駄遣いを好みません。貯金も楽しみや習慣化にできれば順調に貯められるのですが、唐突に向こう見ずな散財をしがち。いい意味でも悪い意味でも、一度始めたことはなかなかやめられない性質のため、浪費が癖にならないうちにローンを組んでマイホーム購入など、地に足のついた資産形成をしておくことで、良い責任感をもってお金とお付き合いしていくことができます。

また、もし金銭的にピンチが訪れたとしても、日頃の人当たりの良さが幸いし、援助や臨時収入に救われるでしょう。

《恋愛・結婚》

好きになったら一直線！　でも肝心なところで受け身に

本気で誰かを好きになるまでには時間がかかりますが、一度ついた恋の火は延々と燃え続けます。ストレートに気持ちを表現できるため、好きになった相手に対して、わりと積極的にアプローチしていくタイプ。ですが、最終的には相手からの告白を待つような乙女な一面も。まれにそれがうまくいかないと、片思いの期間が長くなってしまうこともあります。

仕事も恋愛も狙ったものは絶対に手に入れたい性分で、頭と時間を使い着実にアプローチしていきます。戦略を練るのも好きで、知恵や人脈を駆使し、そのための努力も惜しまない賢くたくましい人。

恋愛面では男女で大きく異なるのが月のルビーの特徴。

女性の場合は年齢とともに色気が増してモテます。男性の扱いが上手で、手のひらの上で転がせてしまうほど。虎視眈々と、狙った相手は必ず落とせるタイプ。たとえ狙っていなくても、好きなのかと相手に勘違いをさせてしまうこともしばしば。また、同時に押しにも非常に弱いので、ピンとこなくても、印象が悪くなければとりあえず付き合ってみる恋多き人でもあります。その結果、後悔する場合もあるかもしれません。一方で男性は、男性ならではのフェロモンはあるのですが、恋に不器用な傾向があり、女心が理解ができなくて、女性の扱いがあまり上手にできません。また、相手の優しさを勘違いして好きになり、突っ走ってしまうこともあります。

いろいろな恋愛を経験し、最終的には結婚で原点回帰

一見そうは見えませんが、とても家庭的で家事も楽しめる人。

結婚に関しては、ご両親と似ている部分がある人や、自分の家族に近いタイプの人を相手に選びます。若い時は自分にないものを持っている人に惹かれがちですが、結婚となる

と、自分と似た気質を持っていて安心できる人に落ち着きます。

また結婚後は、自分の世界は守りながら、パートナーのケアもきちんとできる人。但し、信頼して自由を与えてくれるような人とでなければ、結婚生活は長く続きません。

月のルビーにとって一番大事なのは家庭。ですから、基本的に浮気をするタイプではありません。

他の人に気持ちが向いてしまう時は、本気の恋になります。覚悟を決めて、潔く離婚という選択をする方も多いでしょう。

《健康》
何事にも好奇心旺盛でコミュニケーション能力が高く、頑張り屋さんであるがゆえ、時には体を壊してしまうことも。ですが、自己管理やセルフケアは普段から徹底しています。日頃から健康に生きるための努力を惜しまず、元来知識を深めることや調べものは好きなこともあり、心身のウェルネスに関する情報収集にも熱心です。ちょっぴりあやしげな健康法も、躊躇なく試すタイプ。

基礎体力があり、周りが風邪を引いていてもケロッとしていることも。睡眠時間が少なくても平気で、深夜まで起きていられます。月のルビーはスポーツが得意な人も多いので、ストレスが溜まってしまったら、体を動かすことで発散させるのがおすすめです。カラオケやダンス、ピラティスなども良いでしょう。

我慢が続くと胃腸や子宮にトラブルを抱える方も。体だけではなく心のケアも大切に。悩みがある時は専門家に相談をすることであっさり解決することもあります。一人で抱え込まないようにしましょう。

《月のルビーの運を磨くラッキーリスト》

☑ラッキーアクション…外国の方との交流、お菓子作り
☑ラッキーアイテム…ルームウェア、おにぎり、小さめのバッグ
☑ラッキーカラー…恋愛運 ブラック／仕事&金運 オレンジ
☑ラッキースポット…異国情緒の漂う場所、本屋
☑ラッキー方位…恋愛運 北東／仕事&金運 東南

《月のルビーさんへ／開運メッセージ》

自分を信じて、何事もポジティブに転換していく持ち前の明るさで突き進み、人があっと驚くような成功を掴める人。遅咲きの方も多いですが、内に秘めたその情熱とパワーは、奇跡をも起こします。才能だけでなく、強運と優れた人脈の持ち主。頑張りすぎると空回りするので、こまめなストレス発散と、周りに頼ることも忘れないで。

Oracle Message

 Focus / Inspiration

集中／ひらめき／インスピレーション

今、目の前の現実にとにかく集中すれば、自ずと道は拓かれていきます。あなた自身の声を聴いてあげましょう。

Pearl

パール

《石のメッセージ》

——長い年月をかけて生み出される青い海からの奇跡のギフト

パールの石言葉は「純粋」「健康」「長寿」「富」「円満」「完成」。

青い海の中、アコヤ貝などの貝類から、偶然生み出される宝石・パール。純白に輝くその姿は、まさに自然が与えた奇跡の美しさ。

生き物である貝の体内で生成されるため、生体鉱物と呼ばれています。

母貝の中でパールが美しい輝きを放つ宝石となるまで、長い年月がかかります。その様子から苦難を乗り越えて、生き生きとした活動的なエネルギーへと変化するパワーが宿っているともいわれています。異物から身を守り、内側で宝石を生み成すことから安産祈願のお守りにされることも。

また、貝の分泌物が幾重にも重なって出来ることから、確固たる富をも象徴しているそう。

そして、日本では山でとれる美しい石を〝玉〟、海でとれるものを〝珠〟といい、和名である真珠の「珠」の字は、海の中の美しい石を表しています。

《ストーリー》
古くから人々の心を魅了してきたパールは、〝人類が初めて出会った宝石〟といわれています。
古代ローマでは「富の象徴」として上流階級の女性たちがこぞって身につけていたそう。そして、女性の美を引き出す秘薬としても用いられ、楊貴妃やクレオパトラも美しさを保つために粉末にしたパールを愛飲していたといいます。

ヨーロッパでは、パールは「月の雫」や「涙の象徴」とも称されます。「月の光の雫が結晶になったもの」「人魚が恋人を想い流した涙がパールとなった」など、多くの美しい伝説が残っています。

故人への敬意の表れになることから、故人を偲ぶセレモニーでも身につけられているのです。

そして、パールは、愛情の象徴でもあります。

恋愛的な意味はもちろんのこと、家族や友人などに対する愛情も象徴します。

なかでも、パールのネックレスは切れ目のない美しい円を幾重にも描いていることから、永遠に途切れない愛というメッセージが込められているのです。

Pearl

Sun

[太陽のパール]

誰かの幸せが自身の喜び

主役級のサポーター

《個性》

周りの笑顔が自身の幸せ。調和を重んじるムードメーカー

広い心で誰のことでも受け入れる、包容力と平等な感覚を持っている人。

誰かの役に立つことで幸せを感じるため、人から何かを頼まれたら断れないタイプです。自分よりも相手を尊重しますが、それも自然としていることで太陽のパールにとってそれは心の負担にはならず、むしろ自分の喜びに繋がります。


身分やポジションなどは気にせずに誰とでも打ち解けることができ、目上の人からは可愛がられて年下からは慕われる存在です。気付けば自然といろいろな人が周りに集まり、マイノリティなタイプの友人もできるでしょう。ただ、少し他人に優しすぎるため、時に情にほだされて、人との繋がりを切りたくてもなかなか切れないこともあります。

人との関わりが多い分、苦労や精神的負担にならないように、親しい仲とはいえ境界線

をしっかりと引くと、人脈をチャンスに変えることができます。また、人間関係でキャパシティオーバーになってしまうと、何もかも嫌になってしまうことがありますが、ひとりでホッとできる時間を大切にすると自分らしい輝きを取り戻せます。

相手を思いやるがゆえに、ご自分の意見をはっきりとは伝えられず、確信をついた話に辿り着かずに終わることもしばしば。

ただ、同時に正義感の強さから、ご自分の信念を持ち続けたい側面も持っているため、テーマによっては頑固になってしまい相手に譲れなくなってしまうことも。

そんな時は、客観的な視点を持ち、場を俯瞰して把握することを心掛けるといいでしょう。

ファッションやメイクにおいては、選ぶ色合いやデザインなどが個性的で、人とは違うものを好みます。ゆえにセールになっているものや、アウトレットなどに良い出会いがあったりします。

自分らしさやオリジナリティを感じられるものこそ、太陽のパールの魅力を輝かせてくれるので、お好きなものを堂々と着こなしてください。

但し、使わないものをいつまでも手元に置いておく癖があるので、運気の停滞を感じた時は、定期的な断捨離をおすすめします。

《仕事・お金》

忠誠心を持ってトップを支え、上司と部下の架け橋に

太陽のパールがお仕事においてモチベーションのベースとなるのは忠誠心。

求められること以上の結果を出そうと頑張ることも好きで、サポート役として力を発揮します。また、相手が求めていることを察し、人を見抜く目ももっているため、どのような立場の方に対しても上手く気を回して全体をまとめることも得意です。

ノルマやマニュアルのある堅苦しい会社より、この人のために頑張ろうと思える、人情味のあるリーダーが率いるアットホームな職場が最適です。

分野としては建築やデザイン、IT関係、教育関連や育成トレーナー、看護、保育などが向いています。

クリエイティブなジャンルでは、ご自分が表に立つことよりも、マネージメントやプロモーションなど、サポーター的な役割で人との関わりが多い職種がベストです。

いくら収入が良くとも、ビジネスライクな内容だと満足がいかず、長続きしないかもしれません。

また、そこまでの出世欲はありませんが、ひとつのことをやり遂げる確固たる忍耐強さも持っているため、頑張れば若いうちに出世したり、独立・起業することもできます。

ただ、ひとたび人の上に立つと、自分のやり方に固執してしまう人も多く、融通がきかなくなったり、部下にも自分と同じような努力やモチベーションを求めてしまったりすることも。自営業の場合はひとりでやっていくほうがうまくいきます。

基本的に太陽のパールは人のために働くほうがうまくいくため、自分で会社を興すにしても、「誰かのため」「地球のため」など、明確な目標を持っておくと、本来の力を発揮して会社を発展させることができます。そして、そのためであれば自分を犠牲にすることも惜しみません。

スケジュール管理がしっかりできる分、空いた時間を無駄なく効率的に埋めようとしがちです。オーバーワークにならないように、自分の体の声をしっかり聞くことを忘れずに。

自分なりのこだわりや趣味には投資を惜しまない

太陽のパールにとっては、お金も人のために使うことが喜びです。基本的には自分の身の丈にあった品選びをする人。たまには贅沢も楽しみつつ、困っている人や若い人のためにもお金を分け与えることができます。

一見、堅実派に見えますが、たとえば、質のいい素材のお洋服や良質なミネラルウォーターなど、自分ならではのこだわりを尊重できることには投資を惜しみません。

個性的な趣味を持たれる方も多く、一度ハマったら納得するまで追求します。また、セールや値下げ、という文字に弱いため、思わぬ出費をしてしまうことも。

そのため、手元に残る貯蓄はあまり多いとはいえないでしょう。将来の自分へのプレゼントだと思って、少額でも良いので貯蓄や財産形成のための勉強をしておきましょう。

《恋愛・結婚》

お金や地位より愛に生きる最高のサポーター

恋愛に対してはとても一途。

外見やスペックよりも中身重視で、ひと目惚れなどの電撃的な恋ではなく、応援してあげたい、その人の悲しみを自分が癒してあげたいなど、同情心や母性から生まれるような恋をしてしまうことも。

そのため、精神的に頼りになる人を望んでいながら、逆に頼られてしまうような人と恋をすることが多い方です。また、寂しがりやなため、いつも相手の反応を気にしたり、愛情表現やぬくもりを求めます。

他人軸になりやすい方が多いため、お相手の気持ちを考えすぎてしまい、はっきりした意思表示ができず、八方美人と思われてしまったり、関係がもつれてしまうことがあります。ご自分の気持ちこそ、自身が一番尊重をしてあげて、きちんと伝えるようにしましょう。

苦楽をわかちあい愛を築き上げていくことが喜び

結婚は、安定よりもお金も何もないところからスタートするような状況に燃えます。お互いに苦楽を分かち合い、切磋琢磨をして愛と信頼を築いていくことに意義を感じます。そのため、初めから恵まれている環境を与えてくれる人には心が動かず、あえて苦労の多い人をパートナーに選びがち。そして、お互いに尊重し合いながら、物質的な充足感よりも心の満足を大事にする家庭を築いていくような傾向にあります。

とくに女性の場合は、どんな苦労も請け負ってパートナーを一心に支えます。

芸人やアスリートなど、表舞台に立つエンターテイナーのパートナーに多いタイプといえます。太陽のパールにとって、パートナーが成功すること自体は目的ではありません。「一緒に乗り越えた私」という、一緒に夢を描いているプロセスのほうが大事なのです。とにかく人のために頑張れる人ですから、自分を求めてくれる場所を見つけることが太陽のパールにとっての輝きを高めることへ繋がります。

男性の場合、柔らかい物腰で相手に寄り添う優しさに女性は強い安心感を抱きます。しかし、ご結婚をすると、ちょっぴり自分本位になってしまう場合も。外では気遣いが絶えないため、身内には労ってもらいたいのです。また、家族のために仕事を頑張っているという意識が強いため、家族との時間よりも仕事を優先することを悪いこととは思いませんし、育児は基本的に妻に一任するところがあります。ただし〝これは父親の役割〟といったことに対しては、子どものために積極的に動いてくれるマイホームなパパな一面も。

《健康》

基本的にストレスに弱いタイプで我慢や過労、睡眠不足が続くと胃腸や肌、気管や扁桃腺に不調が出る方が多いです。日頃からスキンケアを欠かさずに、ストレス発散のためにも、ストレッチやスポーツなど、体を動かすことがおすすめです。「みんなで一緒に頑張ろう！」というような、情熱的で体育会系の気質があるため、チームワークを大切にするサッカーや野球、バレーボールなど、団体競技のスポーツにも向いています。

パールは太陽も月もスピリチュアルなことに興味を持ちやすく、自然派でオーガニック志向な方が多い傾向があります。ヴィーガンを実践される方も。独自の健康や美容法を試すタイプです。

《太陽のパールの運を磨くラッキーリスト》

- ☑ラッキーアクション…コンビニなどで小銭を募金する、10分前行動を心掛ける
- ☑ラッキーアイテム…安眠グッズ、パワーストーン、香水
- ☑ラッキーカラー…恋愛運 紫／仕事&金運 黒
- ☑ラッキースポット…歴史のある神社やホテル、オーガニックマーケット、低層階
- ☑ラッキー方位…恋愛運 西北／仕事&金運 北東

《太陽のパールさんへ／開運メッセージ》

サポーターというと目立たないイメージですが、実際は世界平和だって叶えられそうくらいのヒーロー気質をもち、世のため人のためにと、主役並みの力と輝きを発揮するあなた。しかし、ヒーローこそ健康な心と体が資本。趣味のための時間や自分を労る時間を大切に、セルフケアを忘れずに。

Oracle Message

125 Happiness / Pleasure

喜び／幸福／楽しむ

あなたにとって最高の幸せがやって来ています。迷った時はあなたが楽だと感じるほうを選択してください。

Pearl Moon

[月のパール]

愛のために意志を持って
自らを捧げる慈愛の人

《個性》

人脈に恵まれ、誰かのサポートに喜びを得る優しさの持ち主

「人魚が恋人を想い流した涙がパールとなった」と、誰かを想う美しい伝説があるほど、慈愛に満ちた個性を持つ月のパールの喜びは、人のために生きること。センスが良く、察する能力に長けているため何も言われなくても、相手が自分に望んでいることを汲み取って行動することができます。ただ、影響力の強い人に執着してしまうと、自分軸を見失って振り回されてしまうことも。

人当たりがよく、正義感がある人で差別や区別をしないので、人脈は自然と広がり、友好な人間関係に恵まれます。年齢、性別、人種にかかわらず、自分とはかけ離れたタイプの人と親友になる場合もあるでしょう。

野心や向上心を持っていますが、自分で道を切り拓いていくよりは、すでに土台がある

ところに運良く誘ってもらえたりする、棚ぼたといわれるようなラッキーな特性をお持ちです。

少々考えすぎてしまうところがあり、進め方や型にこだわってしまい、なかなか行動に移せないことがあります。いろいろな人に相談して石橋を叩きながら、じっくりと時間をかけて自分の意見をまとめていきます。

自分なりのこだわりも強いため、時に周りから変化がない人や優柔不断だと思われてしまうことも。

時々自分の視点を見直してご自身のアップデートを心掛けてみると、フレキシブルで新鮮な印象を与えられます。

基本的に人間関係は良好ですが、心根が優しく、共感力が高いために相手の言動を敏感に感じ取ってしまい、自分の気持ちと相手の気持ちとの間で葛藤を抱えてしまうことや、傷ついてしまうこともあります。感情移入しすぎないように、人のことを自分ごととして見ることをやめ、潔く境界線を引くといいでしょう。

他人からの評価に敏感なため、おだてに弱いところもあります。それゆえ、月のパールのやる気スイッチを入れるためには〝褒めること〟が効果的。

また、評価に振り回されず主体性を持って生きていくことが、個性を生かすカギとなります。とくに幼少期や若い時は内弁慶で人と自分を比べてしまうのですが、人からの見られ方や評価を気にするよりも、ご自分の本当の気持ちに寄り添ってあげると、月のパールらしい輝きを放てます。

嫌われることを恐れずに進むことで、しっかりとした自分軸を確立できます。

情報収集が得意で多趣味で多才。

ひとつ好きなことを見つけると集中して探求していきますが、視野が広いため、他に気になることが出てくるとあっさり鞍替えすることも。

意識してポジティブな情報を発信していくと、パールの輝きを増すことができます。

《仕事・お金》

奉仕の精神を持ち、人を笑顔にできる職種で能力を発揮

人を支えることに力を発揮し、周りからも慕われます。独自の世界観を持っている人が多く、それをうまく表現できると大きな成功を収めます。

奉仕の精神が強いため、人との関わりが多い仕事が天職です。サービス業や仲介業、教育や指導など、若年層や困っている人の相談役になることで、能力や魅力を開花させることができます。看護や介護・福祉、カウンセラー、マネージャーや秘書など、サポート役の職種でも活躍します。

ルーティーンワークより、人の笑顔に繋がる仕事が最適。几帳面な仕事ぶりが高く評価されますが、挨拶やお礼をしっかりすることを徹底すると、さらに株を上げることができます。

また、仕事の場においては、意見をきちんと主張することができます。主張する時も、その理由や自分なりの見解をきちんと説明し、相手に自分の思いを押し付けるようなことはしません。ただ、とても優しく献身的なため、頼まれたら自分のキャパシティーを超えてでも応えてあげてしまい、ついつい自分のことが後回しになりがち。いい人でいるために無理をするより、きちんと本音で断る勇気を持つといいでしょう。優しさが裏目に出ないよう、人のためにもご自分を優先させて。

また、リーダーやトップを任されると急に自分本位になったり、意思が揺らぎやすくなって、周りを振り回してしまうことも。その場合は、ご自分の分身のような、忍耐強く献身的で優秀な右腕となる部下を持つことをおすすめします。

自分のことよりも人に惜しみなくお金を使える人

贅沢は好まず、ハイブランドよりも、安くてコスパが良いと感じる物に満足します。庶民的といわれるような堅実な金銭感覚を持ち、お金に余裕ができると寄付をしたり、世の中に貢献したい気持ちが強い人。ただ、余裕がなくなると極端に守りに入ることも。

コスパ重視で計画性があるようにみえて、自分のこだわりのためには惜しみなくお金を使うという一面も持ち合わせています。出したものは宇宙の法則で自分の元へ返ってくるもの。与える力や想いが強い月のパールは、受け取ることを自分に許可することで、人や豊かさに恵まれた人生になります。自分の価値を正しく評価してあげることも重要です。

《恋愛・結婚》

恋人中心で、形式よりも愛を尊ぶ恋愛最優先主義

恋愛体質といわれるような方が多い傾向があり、お相手に同情の気持ちを抱くことから恋が始まることも。恋をすると、相手に構ってほしくて、束縛やマメな連絡に幸せを感じ

ます。また、恋人ができると他の人間関係が手薄になってしまい、恋人中心になってしまいがち。周囲から「変わったね」と言われるほど相手の影響を受けがちですが、本人は気にしません。

太陽のパールと同様にパートナーと苦楽をともにすることを望み、形式よりも愛を尊ぶタイプ。常に相手の気持ちを気にして確認したがり、スキンシップも重要視します。好きな人の前では自然と笑顔になったり、テンションが上がってしまうため、周囲に簡単に知られてしまいがち。出会いは、学校や職場、地域のイベントや定期的に行く場所にあり、スポーツにまつわるスポットもおすすめです。

時に、恋をするとお相手しか見えなくなり、周りが反対するような人に入れ込んでしまうことや、体だけの関係になってしまう恋もあるタイプ。また、意地を張ってしまうことが原因でパートナーとケンカになりがちです。

基本的に一途で浮気性ではありませんが、パートナーとケンカをして心に隙ができている時に飲みに行ったりすると、魔が差してしまうこともあるかもしれません。

結婚後は家庭内では甘えたがりでわがままぶりを発揮

結婚後も仲良く常に一緒の行動をするような一心同体の夫婦関係を好み、とくに精神的な支えとなってくれる相手と結ばれることを望みます。同級生や職場の同僚など、身近な相手と結婚する確率が高めです。

外で他人に尽くすこと、いい人であることにこだわる月のパールは、結婚をすると、家庭内では自分をさらけ出して甘えん坊になることも。悪気はありませんが、不安定な時は身内にはきつくあたってしまったり、ストレートに本音をぶつけてしまうこともありますが、それも含めて受け止めてくれるような、器の大きいパートナーを見つけるといいでしょう。

純愛結婚への憧れが強く、まさにパールを纏うことが相応しい、華やかなウェディングドレスや披露宴などを夢見ています。月のパールの夢や希望は、ビジョンボードにしたり、言葉にすることで輝き、実現していけるタイプです。

《健康》

健康そうに見えますが、皮膚やメンタル、胃腸が弱い方が多いため、毎日のスキンケアに加え、完璧を目指さない、ゆとりのある考え方を実践していくといいでしょう。考え込んでしまう時は、温泉に浸かったり、自然の多い場所でのんびりリラックスして過ごすことでリフレッシュできます。冷えにも弱い方が多いため、毎日の入浴で基礎代謝を上げておくことも大切です。物事をコツコツ続けることが得意なため、ヘルシーな食生活や適度な運動を続けていくことで、いくつになっても健康でいられます。計画をきちんと立てて毎日のルーティーンを決めてしまうとなお良いでしょう。

衣食住に独自のこだわりを強く持つ人が多く、オーガニック志向やヴィーガンを実践する方も。ただし、エビデンス不足の独自の健康法にハマる方も多いため、何事もほどほどにバランス良く取り入れ、周囲にそれを強要することはやめましょう。

《月のパールの運を磨くラッキーリスト》

- ☑ラッキーアクション…ビジョンボードをつくる、瞑想
- ☑ラッキーアイテム…オーガニック素材のもの、ハーブや漢方、めがねやサングラス
- ☑ラッキーカラー…恋愛運 グレー／仕事&金運 グリーン（濃い緑）
- ☑ラッキースポット…秘境温泉、牧場、花屋
- ☑ラッキー方位…恋愛運 北西／仕事&金運 東北

《月のパールさんへ／開運メッセージ》

誰からも愛される、キュートで優しい性格の持ち主。まるでパールのティアラをつけた人魚姫。人のためにこそ頑張れるあなたは、ついご自分を後回しにしてしまうことも。でも忘れないでください。あなたの笑顔こそが、周りの方にとっての光。あなたが笑顔でいられるように、ご自分のことを特別に扱ってあげる時間を大切にしてください。

Oracle Message

139 Thinker / Planning

考える／考慮する／計画する

あなたが望むものを手に入れるために思考を活用して、
時には戦略的に行動に移していくことも大切です。

Emerald
エメラルド

《石のメッセージ》
―愛の色彩を放つ ヴィーナスに捧げる愛の石

エメラルドグリーンとも称される、青みがかった吸い込まれるような深い緑が美しいエメラルド。

石言葉は「幸運」「愛」「知性」「癒し」「未来」。

「愛の石」とも呼ばれ、愛のパワーが非常に強い石であり、〝愛の成就〟という意味を持ち、愛する人と結ばれるパワーを授けてくれるといわれています。

みずみずしい木々を連想させる緑色をしていることから、5月の誕生石となっています。

自然のエネルギーが込められているヒーリング効果が高い石とされ、古代では薬として用いられていたこともあるそう。

さらに、未来を見通す力を持つとされ、深い知性や叡智のパワーが込められていると信じられています。

そのため、新しいことを始める時に身につけると強い味方になってくれる石です。

身につけると知的な魅力をも高めてくれるでしょう。

《ストーリー》

ギリシャ神話の愛の女神ヴィーナスに捧げられたとされるエメラルドの象徴である「グリーン」は、男と女を結びつける愛の色彩であり、愛する人と結ばれるパワーが込められていると信じられていました。

ほかにも、メソポタミア神話に登場する愛と美の女神「イシュタル」に捧げる宝石と呼ばれ、クレオパトラは、エメラルドが採掘される鉱山を所有し自分の名前を付けたそう。アレキサンダー大王は戦いの時には必ず、自分の守護石として大粒のエメラルドを身に着けていたといわれています。

さらにインカ帝国では、エメラルドは首飾りやペンダントなど、装飾に多用されていました。神殿までもがエメラルドで埋め尽くされていたといいます。

このようにその神秘的な美しさゆえに、昔から人々を魅了してやまないエメラルド。古代ローマ・ギリシャで「ヴィーナスに捧げる宝石」として崇拝されていたのです。

Emerald

Sun

[太陽のエメラルド]

ロールモデルをお手本に

自分のペースで輝く人

《個性》

理想の人を設定して、スロースタートでも着実に〝なりたい自分へ〟

未来を見通す力や深い知性、叡智のパワーが込められているとされる、エメラルドの個性を纏う太陽のエメラルド。冷静沈着に自己分析や状況判断ができる頭のいい方で、ご自分が身につけたい才能に長けた人物を見抜き、その人のスタイルを参考にして学習することで、能力を自分のものにしていきます。

とくに若い時は、まずは他人の良さを真似することから、何事も吸収していくことがおすすめです。

ゆえに、ロールモデルを持つことが個性を伸ばす近道。困った時は周囲の人に目を向けたり、一流の人や憧れの人を観察するといいでしょう。

逆に、オリジナルのやり方にこだわったり、個性をむき出しにするとうまくいかなくなってしまうタイプともいえます。

慎重かつ穏やかでマイペース。

競うことを嫌い、みんなとタイミングや歩調を合わせるよりも、ご自分のペースを貫きます。何事も取りかかるまでは人一倍の準備を必要としますが、一度、感覚を掴めると、一番最後に始めても誰より早く目標にたどり着くことができるような方。

つまり、運を切り拓き、人生の波に乗るためのカギは、他人を見て、そして、ご自分をよく知ることが大事です。


自己表現が苦手な方が多く、それゆえ、勘違いされたり、人付き合いに関して最初は少々苦労します。限られた人との深い付き合いを好み、表向きはしっかりしているイメージですが、パートナーなど、気を許した相手に対しては甘えることで愛情表現することも。


発案したり、個性を強く主張することはあまり得意ではありません。

そのため、学校や会社で周りに馴染むことがなかなかできなかったり、勉強や仕事がみんなよりも遅れてしまうこともありますが、いざ自分のコツを掴むと誰よりも早いタイプです。少し時間はかかりますが、着実に成長し、先が見えてくるととても早く出世することができます。

与えられた業務は着実にこなしていきます。

才能も勤勉さも持っているため、コツコツと経験を積むことで実績を築くことができます。但し、他に興味があるものが出てくると、いきなりそちらにそれていってしまうこともあるかもしれません。

「楽すること」と「楽しむこと」を勘違いしないことが、運気を上げていく秘訣。

心から楽しめることなら、多少の困難や努力もいとわず注力することができ、結果として実績も築くことができます。

《仕事・お金》

ひとつの場所でコツコツと。下積み期間が輝く未来を創る

太陽のエメラルドは、コツを掴めば多くの仕事で能力を発揮しますので、まずは下積みとして、マニュアルのある職種や少し堅めの職に就き、堅実な基盤を作っておくといいでしょう。手先が器用なので技術職や専門職でも才能を生かせます。人の特徴を掴んだり、真似をして取り入れることが上手いので、パフォーマーや俳優業にも向いています。

コロコロと居場所を変えず、ひとつの場所でじっくり腰を据えて取り組んでいくことで、めきめきと本領発揮することができそうです。ただ、見習う人材が周囲にいないという理由で働く意欲を失ってしまうことも多いタイプです。

また、自己顕示欲を出さず義理堅いため、人望に恵まれて、人からの信頼も厚いです。少々融通が利かないところもありますが、意志を曲げないがゆえの安心感があり、人との

信頼関係は確実に築いていけます。無理をして目立とうとしないことで、逆に引き上げてもらえる役回り。サービス精神が豊富で、空気を読んで人の気持ちを盛り上げることもできるため、自然と職場のムードメーカーになれるでしょう。

基本はコスパ重視で心配性。価格と質のバランスが大事

コストパフォーマンスがよく、一般的に確実な価値が見出せるものにお金を使います。基本的には心配性で、計画的な貯金や積み立てなども無理せずできるタイプです。ただ、自分が価値を感じるものには思い切った投資をするため、マニアックなものを買い集めたり、突然高価な買い物をしたりして周囲を驚かせることもあるでしょう。

社会的に成功をしている人の習慣や考え方を真似することで金運が上昇するため、目標となる人物を見つけて、働き方や考え方を真似したり、同じ物を持つために貯金をすると豊かな人生を送れます。ただ、純粋であるがゆえにすぐに人を信用してしまい、騙されやすいところもあるため、おいしい儲け話には簡単に乗らないように注意しましょう。

《恋愛・結婚》

マニュアルや思考より、直感を信頼して

太陽のエメラルドは恋愛がちょっぴり苦手なタイプ。

考えすぎてしまうことで、恋の流れに乗り遅れてしまいがちです。そのため、恋愛のマニュアル本で手練手管を学んでみたりするのですが、頭でっかちになってしまって、行動できないまま恋のチャンスを逃したり、いざチャンスが巡ってきても優柔不断になってしまうことも。

時には、自分はうまくやっているつもりでも、知らぬ間に相手のいいようになってしまうこともあります。

マニュアルに従ったり考えすぎるより、まずは自分の直感を信頼することが恋愛成就への近道です。

情熱的で燃え上がるような恋より、同志のような関係性から時間を掛けて愛を育んでい

く方が多く、考え方やルーツ、趣味など、自分と共通のものを持っていて、自分を受け入れてくれるような人とじっくりゆっくり関係性を育んでいきます。ゆえに結婚までに時間かかる人も多い傾向があります。

また、考えすぎたり選びすぎて、マニュアル通りにやっているのになかなかお相手が見つからない、ということも。

加えて、太陽のエメラルドは頭で考えてしまうと恋愛がうまくいきにくいタイプなので、何を考えているのかわからないようなお相手は苦手です。ある程度、考えや思考が似ていて主導権を握れるような関係性がうまくいくポイントになります。

結婚相手にするなら、〝尊敬できる部分がある人〟がベスト

太陽のエメラルドの特徴として、パートナーに求める条件が恋愛と結婚で極端に変わります。とくに結婚相手には経済力を絶対的に重視します。結婚に関しては古風な考え方が強く、しきたりを重んじながら良い家庭を作るように努める方が多いでしょう。

女性の場合は、お相手に合わせているように見えて、結婚するとパートナーをちゃっかり尻に敷くようなタイプ。お相手だけではなく、義理のご両親や祖父母など家族や親戚も大切にして、良い家庭を築きます。

男性の場合は、外では気を張って全力投球しているため、家では静かで亭主関白な人が多い傾向にあります。あまり気持ちや優しさを表に見せませんが、心には愛情を秘めています。そこをお相手が理解していれば、円満な関係を築いていくことができます。

一方で、尊敬できる部分がないと、相手に強く出てしまいがちに。

パートナーには、まずはひとつでもご自分にないものを持っているかを意識してみると良縁に繋がるでしょう。

但し、中には尻に敷いて自分が主導権を握るのが好きな太陽のエメラルドもいますので、必ずしも自分より優れている人でなくてはダメ、ということではありません。

《健康》

基本的に体は丈夫でタフ。

それだけに、頑張りすぎて無理がたたってしまったり、ストレス発散が苦手な方も。定期的にジムに通ったり、簡単なストレッチや筋トレを習慣にすることで健康を維持できます。

疲れが目に出やすく、過労は心臓の負担にもなります。

食べ物にこだわりが強く、グルメな人も多いため、連日の食べ過ぎや飲み過ぎには注意が必要です。運動習慣に加えて、定期的にデトックスをしたり、胃腸や肝臓を休める日をつくることを忘れずに。

《太陽のエメラルドの運を磨くラッキーリスト》

- ☑ ラッキーアクション…ウィンドウショッピング、ベッドリネンをこまめに取り替える
- ☑ ラッキーアイテム…フルーツの香りがするもの、フラワーエッセンス、手触りの良いブランケット
- ☑ ラッキーカラー…恋愛運 ブラウン／仕事&金運 グレー
- ☑ ラッキースポット…水族館、パーティ会場、格式のあるレストラン
- ☑ ラッキー方位…恋愛運 西南／仕事&金運 北西

《太陽のエメラルドさんへ／開運メッセージ》

憧れの人が現れたら、それはあなたの未来の姿。理想に近づくための努力を楽しめるあなたは、誰かにとっての憧れの存在でもあります。地に足をつけ、自分のペースで目の前のことを続けていけば、気づいた時には自分でも驚くくらい、素晴らしい成果をあげているでしょう。

Oracle Message

Fear / Curiosity

恐怖心／不安／好奇心／興味

恐怖とワクワクは隣り合わせ。あなたの胸のドキドキは決して恐れからではなく、新たな挑戦への期待からだということを忘れないでください。

Emerald Moon

[月のエメラルド]

気配り上手で優美な

エンターテイナー

《個性》

気配り上手で、エレガントな振る舞いが魅力

みずみずしい木々を連想させる緑色に輝く、エメラルドの個性を持つ月のエメラルド。木々が少しずつ育つように、日々、積み重ねてきた努力こそが月のエメラルドの魅力。他人の良い部分を吸収することが得意なため、コツを掴むとどんなことでもできるマルチプレイヤーになります。

マナーがあり、お礼や挨拶などは欠かさず常に周囲に気を配れる方。所作が美しくて品の良いイメージですが、話してみると明るくておしゃべりが上手で親しみやすいというギャップがあり、自然と好かれるキャラクターです。

良くも悪くも環境に左右されやすいため、周囲の人の意識が高ければご自分も同じように高めていくことができます。また、新しい環境や人間関係に馴染むまでなかなか感覚が掴めずに思い悩んでしまうようなことも。自分の中で葛藤を抱えやすい繊細な一面があり

ます。そのようになっている時はちょっぴり融通が利かなくなることがあります。

目立つことはあまり得意ではありませんが、人前でご自分の話をするのは好きで、実は聞かせたいタイプです。

気配り上手で、根っからのエンターテイナー気質があり、人を喜ばせたい人。それだけに、時にはその役割を演じすぎて、疲れてしまうことも。盛り上げるために話しすぎてしまうことや、場を取り持とうとしてお節介をしてしまうようなこともありがちです。自分のためにも人のためにも、気を遣いすぎないということを心掛けて。


人と歩調を合わせられるけれど、繊細で団体行動は苦手。

大勢が集まるような場所でも、その中で気の合いそうな人を見つけて声を掛けたり自分が安心できる環境づくりを自然にしています。集団生活では気疲れしやすいやため、団体やチームなどに所属する場合は仲のいいグループやチームメイトを作るといいでしょう。

基本的には真面目ですが、同時に横着なところがあり、不慣れなことや面倒なことはついつい他人任せにしてしまうことも。また、本当はやらなければいけないことは分かっていても、どうしても気分が追いついていない時など頭の中で天使と悪魔が戦っていることがよくあります。つまり、自分の中に常に相反する二人のキャラクターが存在していて、本当はどうしたいのかが分からなくなってしまうのです。

安定を求めてひたむきに努力することは月のエメラルドの得意とするところですが、自分の基本性格を理解した上で、時には楽しみや休息、刺激を求めることを自分に許してあげましょう。良い自分とダメな自分というジャッジメントを手放し、どちらも自分の本音と受け止めて気持ちのバランスがとれるようになると、自分らしく生きていけます。ただ走り続けるだけでは駄目。ずっと同じことを愚直に続けるより、いつも同じスーパーで買い物をしているならたまには隣の駅のデパートに行ってみる、という感じで刺激を入れていくと、楽しい人生になっていきます。

《仕事・お金》

知識や美意識を生かす仕事で、時間をかけて実績を積む

月のエメラルドは何事もゆっくりと自分のペースで進めていきたい人。努力を惜しまず、着実に経験と実績を積み上げて自分のものにしていきます。知識や頭脳を生かせる仕事に就くと能力を発揮できるため、専門職や言葉を使う職種、マニュアルがしっかりある職種が最適です。企業の規模としては、中小よりも大手のほうが合っています。

また、美意識が高いため、美容業界や人前に立って注目を集めるような仕事でも活躍できます。祖父母の影響を強く受ける方が多い傾向にあるので、家業を継いだり、似たような仕事を選ぶこともあるでしょう。

ただ、やはり相反する気質を同時にお持ちのため、お仕事でも心の葛藤が生まれやすく、要領よくやるということができません。オンとオフを上手く使い分けたり、頑張る時と緩

めるタイミングを見極めながら、自分にとって心地良いバランスを見つけていきましょう。

努力家で、才能と器用さは人一倍持っている分、なかなか評価してもらえない環境下では、怠けてしまい本気を出さないところもあります。また、さっさと見切りをつけて転職を繰り返す人もいるでしょう。自分のやり方に固執する前に、まずは基本をしっかり学ぶと仕事運が上がります。

計画性はあるけれど、時おり大盤振る舞いしがち

お金に対する考え方はしっかりしていますが、センスがよく美意識も高いため、上質で高価なものを手に入れるためには時おり大きな出費もします。

人生計画に基づいてきちんと貯金もできるタイプ。ただ、ちょっぴり見栄を張ってしまうため、余計な出費がかさむことも。それでも、そういうことができる自分に満足感や優越感を感じるようなところがあります。自分を高めていくための投資になっているかどう

かを振り返ってみましょう。

頑張るほどに金運が上がるタイプではありますが、本気で夢中になれることを見つけられるまでは低迷することも。ほどよい消費活動でお金を回すことを意識したり、資産形成などお金の流れを早いうちから学んでおくと、お金に困ることはないでしょう。

《恋愛・結婚》

才色兼備な方が多く、同類の恋人を求める

遺伝子レベルで魅力的に映る方が多く、モテるタイプです。そのため、ご自分では普通の感覚のつもりでも、理想が自然と高くなってしまいがち。知的で社会的なステータスがある方や裕福な人といった、安定した生活を送れそうな相手を選ぶ傾向があり、年齢の離れた人と交際するケースも多いでしょう。また、それがゆえにすでにパートナーがいる人

に惹かれてしまうことも。そして、その想いを全うしようとする強い心も持っています。同時に、時には、刺激を求めて、安定している恋愛を自ら破壊するような極端な行動に出ることも。

ご自身がそうであるように、同様に有名人など、スペックの高い人に惹かれ、しかもちゃんと成就させることができる人も。そこには、レベルが高い人といることで自分のレベルも上げたいという、向上心の高さもうかがえます。

月のエメラルドはお相手に対して情熱的に自分の気持ちを伝えられる人。月のエメラルドの外見だけに惹かれて付き合うような方とはうまくいきません。傷つけられ、あなたの輝きが曇ってしまうこともあるでしょう。

向上心があり刺激を求めるタイプですから、ひとりの恋人で満足できないところがあり、浮気や不倫をしやすい人でもあります。ちょっと寂しい期間があると、他の人に目移りしてしまいがち。しかも、演技力があるため、浮気をしても露呈しにくい傾向があります。

家庭では自分のペースやスタイルを確立

恋愛には自分を高めてくれるような相手を望みますが、最終的に結婚相手に選ぶのは、一緒にいて安心感や信頼を感じられる人。恋愛の時より、さらにレベルの高い人を選ぼうとして慎重になりすぎてしまうところもありますが、一緒にいると安心できる人を選ぶと輝きに満ちた生活を送れるでしょう

結婚をすると、家庭をコントロールしたいタイプで、生活習慣やスタイルなどは自分流にもっていき、女性の場合はとくに、パートナーをうまく懐柔できるところがあります。男性は仕事優先になる傾向にあり、家のことは基本的にパートナーに任せますが、子どもの教育には自分なりの考えや希望を強く押し出してきたりと、要所要所で夫や父親としての威厳を見せつけることも。

《健康》

食への意識も高く、おいしいものに目がない方。ストレスからの食べ過ぎによる胃もたれや虫歯には要注意です。

基本的に体は丈夫ですが、それゆえ働きすぎてしまったり、遊びのために予定を詰め込みすぎてしまったりするとめまいや耳鳴りがしたりと、体調を崩しやすくます。常に思考よりも体の声を聞いてあげて、スケジュールには余裕をもたせることが大事。女性の場合は婦人科系の病気や胸部に注意しましょう。

日頃からポジティブな言葉を発すること、そして、夢や希望、自分の好きな物事を誰かに話したり、アファーメーションを唱えることを習慣にすると、月のエメラルドの輝きを高めていくことができます。

《月のエメラルドの運を磨くラッキーリスト》

- ☑ラッキーアクション…月のリズムを意識する、ネットサーフィン
- ☑ラッキーアイテム…美顔器、小物入れ、ロールオンタイプの香水
- ☑ラッキーカラー…恋愛運 ホワイト／仕事&金運 ブルー
- ☑ラッキースポット…リラクゼーションサロン、大型公園、ネイルサロン
- ☑ラッキー方位…恋愛運 西／仕事&金運 北

《月のエメラルドさんへ／開運メッセージ》

エレガントで独特の雰囲気が魅力のあなたは、見た目も内面も人から愛される要素をたくさん持っている方。真面目で努力家ですが、時には冒険や挑戦を楽しもうとする心が、あなたの人生を彩り豊かに導いていきます。先のために頑張ることも大事ですが、息抜きや気分転換を取り入れることでゆとりが生まれ、持ち前の魅力もアップします。

Oracle Message

169 Secrets / Surprise

秘密／秘め事／サプライズ／驚き

想いの純度を守るためには時には秘めることも重要です。
この願いはあなたの中だけで育んでいきましょう。

Sapphire
サファイア

《石のメッセージ》

――宇宙と繋がり
最も神に近いとされる青い天空の宝石

サファイアの石言葉は「誠実」「慈愛」「徳望」。他にも平和を祈り、一途な想いを貫くというメッセージが込められています。

深みのあるエレガントでノーブルなブルーが印象的で、〝ロイヤルブルー〟は、最高品質のサファイアに付けられる名称だそう。

ラテン語で青を意味する語源を持ち、「天の宝石」「空の宝石」と呼ばれることもあります。

日本名でも「蒼玉（青玉）」と呼ばれ、背筋がスッと伸びるような凛としたオーラを纏っています。

天・空の色と繋がり、地球の青、宇宙の青として、最も神に近い石とされてきたサファイア。

心の深淵まで届きそうなそのブルーは、真っ直ぐで強い気持ちを呼び起こして、誠実で穏やかな愛をもたらしてくれるといわれています。

《ストーリー》

古代の人々は、自分たちの住む世界は巨大なサファイアの上にあり、空の青さはサファイアの大地を映した色であるとしていたそう。

哲学者、聖人の石といわれ、神の恩恵や慈愛を受け精神の再生をもたらすと信じられるなど、聖職者や賢者にこそ相応しい石と考えられていたサファイア。中世ヨーロッパでは、歴代のローマ法王や枢機卿たちが「聖職者の印」として、サファイアのリングを身に着けていたそうです。

誕生石のなかでは、ダイヤモンドに次ぐ硬度のサファイア。

その強さから、貞操を守り真実の愛を貫く力があるとされています。

そして、ヨーロッパに古くから伝わるジンクスで、4つのサムシングを花嫁が身に着けると幸せになれる「サムシングフォー」のひとつに「青いもの＝サムシング・ブルー」があります。青は誠実さを表す色として知られ、花嫁の純潔を象徴する純白の中に密かに青色のものを身に着けるとよいとされているのも、サファイアがルーツとされているそうです。

[太陽のサファイア]

Sapphire Sun

感覚派でアクティブ
華やかオーラで個性を放つ

《個性》

ドラマティックに〝今〟を生きたい直感型の自由人

深みのあるエレガントでノーブルなブルーの輝きをたたえるサファイア。最高質のサファイアの称号「ロイヤルブルー」のごとく、太陽のサファイアには見た目も華やかな輝きを纏う方が多いです。

基本的には思いつきで行動するようなところがある感覚派。熱しやすく冷めやすいため、昨日と今日で言動がコロコロ変わり、周りを振り回してしまうところもありますが、頭が柔らかく、気持ちの切り替えが上手ともいえます。

過去に執着をすることや未来を案ずるより、今を楽しむことに常に全力投球。ありきたりの人生では満足せず、平穏よりも変化がある環境を好みます。自分の目標がしっかりとさだまれば、それに向かって突き進む頑張り屋さんな面もあり、さらに競争相手やライバルがいるほど燃えるタイプです。そして、頑張った分はしっかり遊び、旅行や買い物などのご褒美も重視します。
フットワークが軽くアクティブで明るい人。表面的には社交的で誰とでもフレンドリーに接することができ、好かれる人です。でも実際は好き嫌いがはっきりしていて、心に繊細さも持ち合わせていることから、機嫌を損ねると顔に出てしまうことも。

人に対しての思いやりや優しさを持っていますが、だからこそ、厄介事を避けるために人間関係にはあえて深く踏み込まないようにしている方が多数。人のペースに巻き込まれて、自分らしく生きられなくなることを最も恐れているため、人と一緒には住めないというような方も多いでしょう。

自分を強く打ち出せる人ですが、身近な人や仲良くなった人にでさえ、心の奥にある本当の気持ちは明かしません。また、飽き性なところや気まぐれな一面もあるために周囲からはわがままな人と思われてしまうこともあります。けれど、それさえも「あなただから仕方ない」と許されてしまうくらい誰もがリスペクトをする才能に恵まれていたり、人として魅力的な人なのです。

女性の場合はボーイッシュでサバサバした方が多く、男性とも恋愛感情抜きに仲良くなれます。男性の場合は、いくつになっても少年の心を持っているピュアな人といえるでしょう。自分の見せ方をよく心得ている人で、セルフブランディングに長けています。また、自分の弱い部分や格好悪いところなど、特にその渦中にある時は絶対に人に見せたくないタイプ。負けず嫌いがゆえにセルフイメージを貫くため、苦労や努力とは無縁といったようなスマートな振る舞いを見せます。何でも自己流で感覚的にやりたい人で、実際に〝なんとなく〟でこなせてしまうため、人から些細なことで注意や指摘をされることに耐えられない傾向があります。厄介に思うことがあれば、そそくさと上手に逃げてしまうちゃっかりさんタイプ。とはいえ、意外と人生の苦労も経験していて、そこから自分を切磋琢磨していくことを楽しめる人でもあります。苦境さえも楽しむことができ、ネガティブなことにポジティブな成長を見出せる人。

清潔感を大切にしていて、中にはちょっぴり潔癖症ぎみな人もいます。そして、もう着ない洋服や不要な小物を、気づいたら部屋に溜め込んでいるタイプ。サファイアの輝きをくもらせないために定期的な断捨離をおすすめします。

《仕事・お金》

競争心と努力と頑張りでチームを率いて目標達成へ導く

自身の個性を発揮できる環境があっているため、写真やアート、音楽や配信、デザイン系といったクリエイティブな職種に就くと、早くからその道で一目置かれる存在になることも。また、仕事に関しても、太陽のサファイアは実は陰でこっそりと努力できる頑張り屋さん。その努力と頑張りを生かせる仕事でも能力を開花させることができるので、営業など、目標やノルマに向かって突き進むようなお仕事も向いています。外資系企業や貿易、流通、情報系も適職です。

スポーツマンのような志を持っているため、ひとり勝ちではなくチームワークを大切にすると、みんなの期待に応えることができるでしょう。また、リーダーの気質があるため、自然体でみんなから慕われるようなまとめ役になることができます。

負けず嫌いですが、人の足を引っぱるような陰湿なことはせず、正々堂々と戦います。但し、損得勘定は強め。そして、働くということに対して、自分にも他人にも厳しい目を持っています。同じ仕事を続けるにしても、何かしらの変化を求めるタイプです。怠慢やマンネリを嫌い、意欲的に新しいことに挑みます。

仕事運の停滞を感じた時は、自分の持ってないものに目を向けるのではなく、持っているものやオリジナリティに注目してあげると、再び輝きを取り戻すことができます。

転職や部署異動をきっかけに人生を大きく好転できる人でもありますから、専門の知識や技術、資格や免許などを習得しておくのもおすすめです。

短期決戦型のお金稼ぎがお得意！　儲け話には要注意

太陽のサファイアは「よく働きよく遊ぶ」をモットーに楽しくメイクマネーしていきま

す。お金を稼ぐのが大好き。自由気ままで瞬発力のある狩猟民族のようなタイプですから、お金を作り出す能力に長けていて、どんどん貯蓄することもでき、そんなマネーゲームを楽しんでもいます。株や投資も向いていますが、今の世の中は先に何が起こるかの予測が難しくなっています。ハイリスクなものは避けましょう。

一目でどこのものかわかるようなブランドものや自分を華やかに飾り立ててくれるもの、旅行やライブによくお金を使います。また、いつもどこかで一攫千金を夢みているところがあり、宝くじや賞金、おいしい儲け話といったものに弱いところも。そして、情にもろい部分があるからこそ、身の上話にほだされて助けると厄介なことになるのを見越していて、人への金銭的な援助はあえて控えます。

太陽のサファイアは、見返りを求めず、みんなを喜ばせることにお金を使うようにすると、魂の成長に繋がっていきます。

《恋愛・結婚》

恋を魅力やパワーのバロメーターとする恋愛ハンター

恋をすることが好きで、いくつになっても多くの人からモテていたい方。恋をしていないと、魅力やエネルギーが欠けてしまい、輝きが曇ってしまうこともあります。自分のことを好きでいてくれる人が多ければ多いほど満足し、外見や中身も周囲がうらやましいと思うような人と一緒になりたいと思っています。そのため、それほど惹かれていなくても、誰かがその人を「素敵」などと褒めているのを聞くと、俄然興味が湧いて落としたくなることも。そして、相手を手に入れるまではかなり前のめりにアプローチをし続けます。釣った魚に餌をやらないわけではありませんが、相手の気持ちが自分に向いていることがわかるとトーンダウン。その後は相手の出方に委ねるようになります。

基本的に復縁はしないタイプですが、そもそもが寂しがりやなので、相手に成長を感じられたり、結婚前提である場合に限り、復縁をする方もいます。

結婚後も自分らしくいられることが最優先

モテる方が多いのですが、理想が高いため、結婚相手に完璧さを求めて晩婚になる傾向があります。あるがままの相手を、妥協ではなく受容していきましょう。また、いくつになっても恋愛体質で恋を輝くための活力としているため、ご結婚後も恋愛と家庭は別ものとして捉えて、ときめく気もちを抑えられない方も。

結婚をしても自分のペースを貫きたい人が多く、たとえば「結婚したからといって、別に一緒に住まなくてもいいんじゃない？」と、独自のルールを提案したりします。男女ともに、お互いに仕事を続けて切磋琢磨していくことを望み、家庭だけに収まりたくない、社会で輝きたいという考えを持っています。

自由奔放な太陽のサファイアを認められるような人が、結婚相手としては理想です。相手に依存するような生活より、自分も相手も好きな仕事をして、互いに助け合えるパートナーシップを築いていくことがベストといえます。

《健康》

健康管理には余念がない方も多く、基本的には体力があって健康です。ですが、ストレスに気づきにくいという弱点があるため、日頃からウォーキングやヨガ、ジムでのトレーニングなどの習慣をつくっておくと、上手に発散できます。運動をすることで運気がアップできるタイプでもあります。

《太陽のサファイアの運を磨くラッキーリスト》

☑ラッキーアクション…海外旅行、資格やライセンスを取る
☑ラッキーアイテム…朝食、アクセサリーの重ね付け、ヴィンテージのもの
☑ラッキーカラー…恋愛運 赤／仕事&金運 白
☑ラッキースポット…フリーマーケット、美術館、SNS
☑ラッキー方位…恋愛運 南／仕事&金運 西

《太陽のサファイアさんへ／開運メッセージ》

華やかで刺激的かつ、変化に富んだ環境こそあなたの居場所で、個性が輝く場所。あなたの個性は武器であり財産です。自分流の取り組み方や、感覚的な部分を大事に、周りにフィットしようとせず、思い切り自己表現することを楽しんで。人を気遣ったり、情に引っ張られるところがあるので、プライベートと仕事でモードを切り替えると、人間関係を良好に保つことができます。

Oracle Message

Self compassion

自己愛／自分を思いやる

周りを優先して少し頑張りすぎていませんか？　誰かを愛するためには、まず最初に自分自身に愛を注いであげることが必要です。

Sapphire Moon

[月のサファイア]

自己プロデュース上手な
天性の人気者

《個性》

親しみやすく愛嬌たっぷり、毒気すら魅力として輝く人

地球の青、宇宙の青として天空の色と称されてきたサファイア。すべてを魅了するサファイアの輝きを纏う月のサファイアは、アクティブで社交的。感覚的に生きているため思いついたら即行動。明るく、周りに華やかな印象を与える人です。同時に慎重な一面も持ち合わせており、忍耐強くて妥協をしないという性質があります。

人の気や空気を読むことに長けており、聞き上手で誰にでも話を合わせられる人。自然に人を引き寄せる魅力を持っています。ケンカや対立を嫌うため、みんなの前では自己主張するというより、その場の空気に合わせて楽しみます。ユーモアのセンスや話術といったコミュニケーション能力にも優れています。トークが上手で、根本的に優しくて愛情豊かな人ですから、ちょっぴり毒っ気のあることでも、独自のユーモアセンスでおもしろおかしく愛嬌豊かに表現できてしまいます。

気配りもでき、親しみやすく愛嬌があり好かれますが、挨拶やお礼など、マナーというものもしっかり身につけておくと、いざという時に多くの人に助けてもらえます。そもそも甘え上手ですから、人からの助けを素直に受け入れることもできる人です。

常に遊び心を持って生きているため、シリアスな状況や束縛、同じことを繰り返すような生活は苦手。変化や刺激、楽しさを感じる方向に自然と惹かれ、大事なことは人任せにしてしまうところもあるでしょう。そして、負け戦はせず、いい意味で計算高く、世渡り上手。損得勘定に長けていて、苦労や面倒なことを嫌います。要領もよく、相手にメリットを感じる時には積極的で友好的ですが、そうではないと判断すると、さりげなくフェイドアウトすることも。ただ、その振る舞いが自然でスマートなため、相手に悪い印象を与えませんし、人に嫌われることもありません。

その場にいる人に合わせて空気を読み、明るく振る舞うことができますが、根底にある慎重さから意外と閉鎖的な側面もあるため、親しくなっても、本当の自分はなかなか見せません。たとえば、元気がなくても「元気だよ」と言って気丈に振る舞ってしまったり、相手が家族や恋人だとしても、人前では強がってしまうところがあります。いつも周りに人がいて、一見人気者に見えますが、本当はひとりのスペースやひとり時間をちゃんと持てないとダメなタイプ。そして、本音では寂しがりやでもあるのですが、ご自分では寂しがりやだと気づいていなかったり、気づいていてもそんな自分を悟られないようにします。

人のことを分析するのが上手で、的を射たアドバイスのできる人。客観的に状況や自分の立ち位置を見て冷静に判断することができるので、自己プロデュースも得意です。但し、感覚が鋭く、分析能力に長けていて相手のことがわかるがゆえに、相手も同様に自分のことを理解してくれていると思い込んでしまうとコミュニケーションを疎かにしてしまうことも。それがゆえに、男性の場合はとくに、自分の思いや考えを表現しているつもりでも、相手には伝わっていないことが多く、勘違いされてしまうようなことが起こります。いつも一緒にいる人であっても、月のサファイアが何を考えているのかわからないと言われてしまうこともあるので、行動で表現するだけでなく、言葉でも自分の気持ちを伝えることを大切にしていきましょう。

服を色違いで買ったり、日用品などをストックして溜めていたり、買った物をそのままにしてしまう人も多いので、使用期限のあるものは時々チェックしたり、無駄に溜め込まないようにしましょう。

情緒豊かな月のサファイアは、日常にロマンスやファンタジーを見出すことができます。日頃から素敵な映画やお芝居などをたくさん観て感性を磨くと、人生がさらに豊かに輝きを増していきます。

《仕事・お金》

仕事にゲームのようなおもしろみを見出せると右肩上がり

月のサファイアはお仕事に関しても感覚重視。刺激がないとサファイアらしい輝きが生かせないため、決まったお給料よりノルマ制で成果報酬の仕事のほうが頑張れます。「好きこそ物の上手なれ」と言いますが、大好きなことや趣味と連動できるような仕事だと、驚異的な能力を発揮できるとともに、努力を努力と思わずに頑張れます。サービス業や、音楽やダンスなどのエンターテイメント、ファッション業界といった華やかで人前に立つような仕事が最適。飲食業も向いています。

もしそのような職に就けていないとしても、ゲーム感覚で目の前の仕事に取り組んでみると、頭角を現します。退屈なルーティーンワークからおもしろさを見出すことに得意のクリエイティビティを発揮することで、新たな視点を見つけることができるのが持ち味。また、労働意欲がわかないような仕事をしていても、職場に気の合う人がいると続くでしょう。

経験のない仕事だとしても、フットワークの軽さや人脈を生かして、ゼロから這い上がり、成功を掴める人。ただ、思いやりがあるだけに、他人への情にほだされて自分のペースを崩されないように気をつけて。

刺激的なアイディアや行動力。そこに、コツコツ続ける忍耐力や実直さが備わると無敵です。自分でまかなえない時は、それが得意な他人に託して右腕とするとうまくいくでしょう。

稼ぐ能力は高いけれど、お金への執着心が薄く両極端に

基本的にお金にきっちりしている人で、割り勘が当たり前だったり、夫婦でもお財布を分けている場合も。しかし、見栄のために大きく振る舞ったり、自分の見た目には借金をしてでも大金をかけるような一面があります。自分の好きなことでストレスフリーにお金を稼いでいる方も多く、実はお金自体にはそこまで興味がない方も。お金に執着心がないことから浪費をしてしまうか、逆に、お金を使う用途がないと考える方は勝手に貯まっていきます。浪費癖がある方の場合は、世の中の動きをしっかりと見つつ不動産投資など、将来を考えて信頼できる人に資産形成の相談をしたり、堅実にお金と向き合うことをおすすめします。

《恋愛・結婚》

純愛に憧れる一方で、目先の安定はキープ

感覚の人なので恋愛でも一目惚れや直感的なフィーリング、シンクロなどを重視します。若い頃は恋愛体質の方も多く、その場の雰囲気や勢いに弱いため、ワンナイトになってしまうケースも。

但し、基本的には慎重派なので、すぐには恋に発展しないことも多く、モテますが、妥協して付き合ったりはしません。自分のことを理解し、魅力をわかってくれることをパートナーに求めます。

自分が相手に興味を持っている時は積極的にアプローチするのですが、相手が追ってきた時に自分の気持ちが盛り下がっていると、ちょっぴり面倒になってしまい、あしらいがややそっけなくなるところがあります。そのような気分の波は、恋人だけでなく、あらゆる人付き合いに見受けられます。

恋愛相手には、見た目や華やかさ、才能、名声、周りから羨ましがられるような相手を求めていて、結婚相手には、自分の趣味を理解してくれて、家庭を大事にしつつ自由でいられるような、お互いにリスペクトし認めあえる対等な関係でいることを望みます。

結婚に運命的なものを求めるロマンティスト

結婚に関しては、結婚願望自体がない人も多く、ロマンティストな気質から、どこかで運命的なものを求めています。「この人と結婚したい！」と強く思えるくらいピンとこないと、そもそも付き合うということすらしない方も多い傾向にあります。そのため、お子さんができたことをきっかけにして結婚、となるケースも。そして、熱烈な恋愛を望んでいると言いながらも、結婚に関してはちゃっかりと経済力と安定感のある道を選びがちな抜け目のないタイプでもあります。大人になればなるほど、恋愛も頭でするようになるため、相手に求めるものが増えて晩婚になる方も。離婚になる場合は、原因は金銭問題になることが多い傾向にあります。
月のサファイアは誰かとずっと一緒にいると気疲れしてしまうため、結婚しても自分の趣味や、オフの状態の自分を解放してリラックスできる時間や空間を作ることが円満な家庭作りの秘訣になります。

《健康》
体力もあり健康て丈夫な人。また、体を動かすことが運気アップにつながるタイプです。適度な運動やダンスなど、好きなことで心身の健康を保ちましょう。お酒が強い人も多いのですが、遊びすぎや暴飲暴食も体調を崩す原因になりますので、ハメを外すのもほどほどに。とくに、お酒によるトラブルには要注意です。
また、冬に体調を崩しやすいため、特に女性は夏でも冷たい飲み物は控えめに。男性もクーラーの冷やしすぎに注意しましょう。

《月のサファイアの運を磨くラッキーリスト》

- ☑ラッキーアクション…早寝早起き、滞在先での予定を決めずにふらっと旅行に行く
- ☑ラッキーアイテム…フローラル系や甘い香りのボディクリーム、ヘアケア製品、帽子
- ☑ラッキーカラー…恋愛運 ピンク／仕事&金運 パープル
- ☑ラッキースポット…スポーツジム、デパート、海沿いの街
- ☑ラッキー方位…恋愛運 南西／仕事&金運 西北

《月のサファイアさんへ／開運メッセージ》

ソフトな人あたりの反面、自分軸がしっかりしていて、自分の見せ方をよくわかっているあなた。天性の才能だけでなく、人脈や運にも恵まれている人です。また、自己プロデュース能力が抜群のため、自分の立ち位置やキャラクターを明確にすることで人気者に。実は影の努力家で、一から自力で成功を掴める方。日頃から周囲への感謝や恩返しを心掛けると、その成功も揺るぎないものになるでしょう。

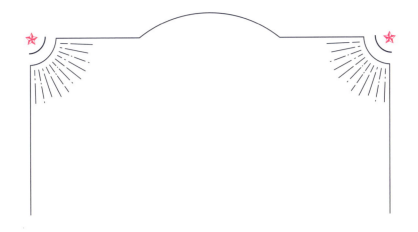

Chapter 2

My cut

〝あなたの宝石の形は？〟

ご自身や調べたい方の「My cut」についてはP308-311の早見表をご参照ください。

あなたという原石を宝石へ

魅力を最大限に引き出す本質＝カットを知ろう

六宝陰陽の12タイプでは、ご自分が持っている土台となるルース（原石）の個性や運気の特徴についてのお話をしてきましたが、ここで紹介する「Ｍｙ ｃｕｔ」をあわせていくことでご自身のことがよりクリアにみえてきます。

西洋占星術においても、12の太陽星座に加えて12の月星座というものが存在しますよね。

同様に六宝陰陽の12タイプからさらにＭｙ ｃｕｔの12タイプに分けてみていくことで、より詳細に理解を深めることができるのです。

宝石というのは〝カット〟によって印象や見え方がガラッと変わったり、同じ石でも指輪なのかネックレスにするのかによっても、それぞれに相応しいカットがあります。

カットというのは、ルースの持つ魅力を磨きあげるために必要不可欠な要素なのです。

それは人の個性においても同じことがいえます。

たとえば、六宝陰陽タイプでは「慎重な人」と書いてあり、Ｍｙ ｃｕｔでは「大胆で挑戦的」とあった場合、一見真逆の特性のように感じますが、慎重なところもありながら、実はチャレンジャーな部分を本質として持ち、うちに大胆さを秘めている人ということになります。

よって、「慎重に行動しながらも大胆なアイディアを意識してチャレンジをしていく」、そのように進めていくとあなたの魅力がさらに輝くことになります。

ここではあなたの持つカットの意味を紐解きながら、

あなたという宝物の魅力を、最大限に輝かせるためのヒントを見つけてください。

Briolette

ブリオレット

繊細な多面性で煌めき、仲間や家族を深く愛する

ブリオレットをＭｙ ｃｕｔに持つ方は、ロマンティストで繊細な美意識を持ち、細部までこだわることができる人。たとえばネイリスト、フラワーアレンジメントアーティストなど、細やかな美しさをつくり出す職業で能力を発揮するでしょう。

細かいことにまで目が届くので、会計士や銀行員、事務職なども向いています。

警戒心もありますが、同時に人と共振することも得意としているのでフットワークが軽く、誰とでも仲良くなることができます。誰かをフォローすることにも長けているので、チームや組織での仕事でも輝けるでしょう。遊びだけでなく、働くことも楽しめる人です。

仲間意識、家族に対する愛が深く、家計のやりくりも得意。コツコツと貯蓄をして大きな財を築くことができます。

家族を第一に考える傾向にあるので、お付き合いしている恋人がいても家族との時間を大切にしますし、結婚後はパートナーやお子さんが最優先になるタイプです。

ご自分の中で大事なものがとてもはっきりしていて、人の本質を見抜く目を持っています。家族や周りと協力しながらご自身の能力を発揮して、どのような環境でも自分らしく輝いていける軽やかさが最大の魅力です。

Octagon
オクタゴン

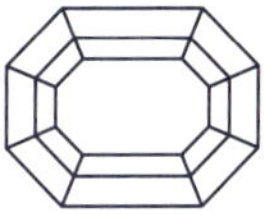

意志の強さとマイペースな努力の積み重ねで輝きを増す

八角形を意味する「オクタゴン」は、必要最低限のカットで、ルース（原石）の持つ天然のパワーをそのまま生かすことのできるカッティングです。このオクタゴンをＭｙｃｕｔに持つ方は、穏やかで温厚な安定感のある性質をお持ちです。自分のペースというものをとても大切にしていて、努力家で辛抱強く時間をかけて物事を積み重ねていくことができます。スロースターターではありますが、ご自身が「これ」と決めた目標や夢はブラさずに成果をあげることができるので、若い頃はコツコツとマイペースに積み重ねていき、晩年に実り多い成功を成し遂げられる大器晩成型の傾向があります。

金銭面においてはとても顕著で、お金は計画的に使い無駄遣いはほとんどしません。

ご自身の意思が決まると、周囲からの声に影響をされにくいので、時に頑固な人と誤解されてしまい人付き合いが難しいと感じるシーンも。でも、それはあなたならではのペースや信念があるということ。焦らずにゆっくりと進めていきましょう。

他人とケンカにまで発展することは少ないので、周囲から孤立するようなケースはまれです。ただ、自分の気持ちを言葉にすることも少し苦手なので、ひとたび我慢の限界に達してしまうと突然怒り出してしまうことも。温厚なイメージがあるだけに周囲の人は驚いてしまうので、大切な人に対しては、日頃から意識的に言葉として表現することを心掛けるとあなたの魅力が輝きます。

Radiant

ラディアント

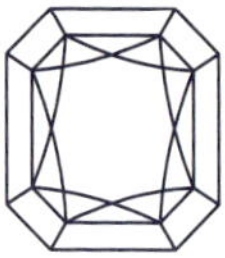

情熱とチャレンジ精神で力強く輝く

直線的なフォルムからは力強さを感じられ、「光輝く」や「光を放つ」といった意味を持つラディアントをＭｙ ｃｕｔに持つ方は、大胆でフットワークが軽く、好奇心旺盛でチャレンジ精神に溢れています。失敗を恐れず進んでいき、次々と新しいことを求めます。

常に一目置かれる存在でありたいと行動し、言葉に力もあるのでカリスマ性があります。ただ、情熱的で周りを見ずに走ってしまう傾向があるため、周囲からは一見、とっつきにくい存在とも思われがち。

単独行動が苦にはならないタイプですが、実際は面倒見が良く、困っている仲間に手を差し伸べずにはいられないタイプです。

そのため、お仕事ではとくに周囲からの信頼が厚いでしょう。ムードメーカーの一面もあり、ご自身のやりたいことに人々を巻き込めるリーダー気質があります。

愛情表現も激しく、ロマンティスト。

恋愛相手には高い理想を掲げて、気になる方には積極的にアプローチをします。また、デートや記念日などのシチュエーションにこだわる傾向があります。

一方で、人一倍責任感が強いため、悩みをおひとりで抱えやすいという特徴も。

悩みがあっても人に打ち明けるのは得意ではありませんが、あなたの声に耳を傾けてくれる仲間は実はたくさんいるのです。

限界を感じる前に周囲の人に打ち明けてみると、あなたの煌めきが取り戻せるはず。

Cabochon

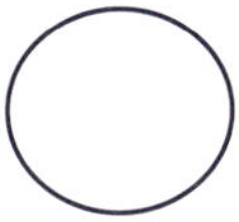

カボション

優しい光で周りを包み、多くの人に慕われる愛嬌の人

なめらかな丸みのある優しい質感が特徴のカボションカット。

上品で物静かですが、温和で愛嬌があり柔軟性もありますので、周囲から愛されます。そのため、交友関係が広く友達は多いほうですが、繊細な心を持っており、静かで落ち着いた生活を好みます。

人から好かれる性質を生かせるお仕事でうまく人脈を広げていき、成功に繋げることができます。人々に癒しを与えたり、慕われることを必要とする教員・介護職などにも向いています。芸術的なセンスにも優れ、情報通な方も多いです。大変なことがあっても忍耐強く向き合って、最終的には解決し乗り越えていくことができます。

行動的なタイプではありませんが、ご自身の中で芯が一本通った行動をされる方。

愛情表現はとても献身的で、恋人に一途に尽くします。ただ、他人からどう思われているか気にしがちなので、恋愛でもご自分からは積極的にはいけません。

押しに弱いので、お相手から愛されて始まる恋愛が多いでしょう。どんどんリードしてくれるタイプに惹かれます。

衝突したくないという気持ちが先立ち、本音を飲み込んでしまったり、ノーと言えないことから、悩んだり苦労したりすることがありますが、あなたがもともと持っている煌めく愛らしさを素直なお気持ちとして伝えることができれば、良好な関係性を築くことができるでしょう。

Trilliant

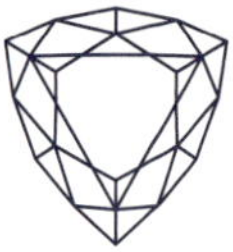

トリリアント

感性豊かで神秘的な色彩の光を纏う人

その名のとおりトリリアントとは三角の形をした希少性のあるカット。輝きを大切にしながら個性のあるトリリアントカットをＭｙ ｃｕｔに持つ方は、現実や常識的なことにとらわれず、自分らしさを貫いている独特な雰囲気やオーラ、神秘的な印象が魅力です。周囲を気にせずにマイペースでわが道を行く人。感性がとても豊かで、創造力がありインスピレーションに長けています。

先見の明があり、人の先を行く人。スケールの大きな夢を持っていて、活動的で行動力もあるため、人との出会いもたくさん経験します。裏表がない性格でおおらかな雰囲気からリーダーを任されることも多いでしょう。

一度始めたら集中するタイプなので専門分野を極めやすく、芸術的才能に恵まれている方も多い傾向にあります。

流行に敏感に反応するという特徴もあります。

他者の視線を惹きつける魅力の持ち主なので、生涯を通じて恋愛経験が多くなります。

ご結婚後も家庭になるべく縛られたくないと考えています。

感受性が鋭いことから、夢と現実との間で悩んでしまう一面がありますので、信頼できる周りの意見に耳を傾けながら理想を思い描くと輝きを失わずにいられるでしょう。

Pear

ペア

鋭い洞察力があり、うちに秘めたセンシュアルさが魅力

一点が尖り、もう一方の端が丸いことから、シャープさとエレガントさを併せ持つペアをＭｙｃｕｔに持つ方は、センシュアルな雰囲気を纏い神秘的で秘密主義という特徴があります。冷静で感情をあまり表に出さないため一見クールに見えますが、心の奥には情熱の炎が燃えているのです。

　控えめに振る舞うことが多く、積極的には人に関わりません。深く狭く人間関係を構築します。物事の洞察力が鋭いとされています。冷静沈着で分別ある判断ができるので、目標を達成するために静かに計画を立て、着実に進むことが得意。見えないところで努力を重ねる人です。

　美意識が高く、芸術的な表現や美しいものに心を奪われます。

　普段は冷静なのに恋愛となると一転して情熱的になります。全身全霊で愛情を注いで一途に尽くしますが、独占欲が少し強め。ミステリアスで艶やかな雰囲気があるので、時には視線だけで意中の人を虜にすることもできる方です。ただ、好きな人に対しても心を開くまで時間がかかるタイプ。素直になれず、つい裏腹な態度を取ってしまう人もいるでしょう。

　生まれながらに金運をおもちで、直感力も鋭く、冷静な判断力もあるためビジネスで成功する方も多いカット。

　執着心が強いので、ご自分で一度決めたことは何事も決して諦めることがありません。その執着心を良い方向に磨いて活用すれば、人生を輝かせることができるでしょう。

Baguette

バゲット

華やかな存在感と陽気さで天性の輝きを放つ

バゲットカットの魅力は、すっきりとした透明感と凛とした輝き。そのようなバゲットをＭｙ ｃｕｔに持つ方は、嘘や誤魔化しが嫌いで責任感と独立心が強く、陰口など陰湿なことはしません。陽気で開放的な性格。気転もきき世話好きという天性もあります。

　即実行する決断力と実行力、スピーディーさがあり、常に一番効率の良い方法を考えて行動します。チャンスを逃すことはほぼありませんが、勇み足すぎて時期尚早というようなことがときおりあります。

　人といることは好きですが、頼ることは好みません。自分で何でも決断をして、自身でこなしていきたいタイプであり、自分の行動に責任を持ちます。

コミュニケーション能力が高いため、華やかさと陽気さで注目を集める人気者。そのため交際費が多くなり、収入よりも支出が多くなる傾向も。積極的に集団の中に入り行動しますが、だんだんと集団のペースに合わなくなり、単独行動に移っていきます。知り合いは多いけど親友は少なめというタイプ。

　一見、ビジネスに向くように見えますが、人のうけはよいものの、経営者にはあまり向きません。持ち前の華やかさと社交性を生かして、芸能関係のお仕事やサービス業、飲食業などで成功するでしょう。

　仕事も恋愛も越える壁が高ければ高いほど、持ち前の情熱と行動力を持って果敢に挑んで、輝き続けることができます。

Cushion

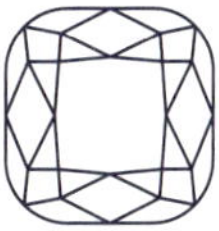

クッション

柔和な光の中に芯の強さを秘めた調和の人

石の角を丸くしたやさしい煌めきのクッションをＭｙ ｃｕｔに持つ人は温和でふんわりと柔らかい輝きを纏った方。

愛情深く平和主義で、争いは好みません。協調性に富み、家族や友人、仲間をとても大切にします。物腰は柔らかではありますが、実は洞察力や観察力がとても鋭いのでその場の空気をうまくつくりだして物事を円滑に進めることができます。混乱した状況下でも、クッションの方がいれば、自然と調和されて落ち着いていくのです。計算ではなく、感覚的にできてしまうので、誰とでも仲良くできる才能があり調整役にも向いています。ご自分だけで何かをやるよりもサポート役やグループ単位で行動するほうが輝くタイプ。

平和を愛する方ですが、芯はとても強く、一度決めたらどこまでも貫く強さも持ち合わせており、コツコツ努力をすることをいとわないところもあります。

恋愛は、愛する人に対してはとにかく優しく温かく接していきます。寂しがりやなため、いつもそばにいることを好みます。多少嫌なことがあっても、揉めるのを避けたい気持ちが強いために我慢してしまう傾向も。実は情熱的な一面もあり、燃え上がるようなロマンティックな恋愛をして周囲を驚かせることがあります。

親しい人にはとことん尽くす性質ですから、本当に大切にすべき人を見極めて、自分と周囲を幸せに輝かせましょう。

Ball

ボール

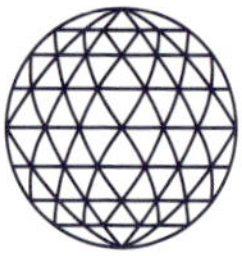

光の方向に皆を導く機知に富んだ愛され型リーダー

鏡のように輝く特性を持つボールをＭｙｃｕｔに持つ方は、ミラーボールが光を集めて反射させるように周囲からの注目を集めます。ご自身のことが好きで、褒められることも大好きです。

　周りの心を映し出すことも得意で、今この場で自分に何を求められているかを察知する能力に長けています。光の方向へ周囲を導くことができるリーダーに多く見られます。

　多面的に物事を考えられて何でも器用にこなせます。器用さは性格だけでなく、様々なスキルにも通じ、新しい物をすぐに取り入れ、あっという間に習得します。何でも知りたいというお気持ちが強く、流行にも敏感。派手好きというような印象を持たれることもありますが、楽天的な世渡り上手さんで憎めない性格のため、天然の〝人たらし〟と称されるような方が多い傾向にあります。

　頭の回転の速さから、効率よく進めるのも得意な人。そのため定時でお仕事を終えるという人も多いでしょう。ただ、細かい計算や財務管理は苦手で、根気強さはありません。

　いろいろな人から刺激やインスピレーションを得たいと思う性格なので、恋愛でもご自身のように明るくて頭の回転が速い相手に惹かれます。

　計画的な貯蓄が苦手で、欲しいものは直感重視で買ってしまう性格ですが、不思議と臨時収入に恵まれ、経済的に困窮することが少ないという特徴があります。

Marquise
マーキーズ

鋭い洞察力と優雅な会話力の二面性で魅力が煌めく

石を楕円形に整えながら両端を尖らせた唇のようなカットの「マーキーズ」はフランス語で「侯爵夫人」という意味。ルイ15世が、愛妾の魅惑的な笑顔をイメージして制作したものだといわれています。そう、マーキーズカットをＭｙ ｃｕｔに持つ方の魅力は、まさに唇を連想させるカットのとおり、話術に長けているという特性にあります。上手に相手を褒めて喜ばせることができるため、年上の方にも可愛がられます。記憶力も良いため、一度聞いた話は後々まで覚えていることが珍しくないでしょう。そして、洞察力があり、いつも冷静に全体を見渡しているため、何か問題が起こっても的確な判断が下せる性格です。高い集中力が備わっているので、ひとつのことに意識して取り組んでいくことで、結果に結びつくという特徴があります。

　一見すると落ち着いているように見える方が多いのですが、実は結構な情熱家。華やかでコミュニケーション能力が高いので、恋多きモテる方。美しいものに対する鋭い感覚を持ち、多彩な人が多く、芸術的な嗜好があって感受性が豊かです。ファッションセンスにも優れているので、何かと注目を集める傾向があります。年齢に応じて、より輝きを増して魅力的になっていく方が多いでしょう。

　引きが強く、人もお金も出入りが激しいタイプで人生経験が豊富。経験こそが財産と変化を楽しめます。

Oval

オーバル

世話好きで愛情深く、人との関わりによって一層輝ける人

フォルムに丸みがあり、ゴージャスながらも華美になりすぎないところが魅力のオーバル。生命や母体を象徴する形ともいわれていて、Ｍｙ ｃｕｔにオーバルを持つ方は母性愛を感じるような優しい印象を与えます。

礼儀正しく思いやりのある性格で、義理堅い人。

正義感が強く、人から頼まれたことを最後まで忠実にやり遂げる粘り強い人。

少し口下手なところがあり、一見して寡黙に見える方もいるのですが、実はとても素直で愛嬌があり、一度打ち解けると人懐っこい性格なので、多くの人から愛されます。

愛情深く、お世話好きで相手に誠心誠意尽くします。

困っている人がいれば世話を焼いて全身全霊で助けます。ただ、面倒見が良く、生真面目なことは良いことではあるのですが、人としての礼儀やルールからはずれるような振る舞いをしている人に対しては驚くほど厳しく接する一面も。潔癖症な気質が秘められているのです。

周りを客観的に評価することも得意なので、その組織全体のためになる動きをすることも多い人です。尽くすことが好きで几帳面な働き者なので、秘書などのサポート役が適職です。誰かの役に立ちたいと純粋に願っています。

Scissors

シザーズ

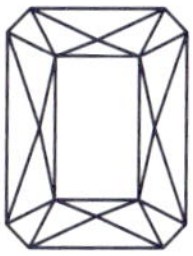

光を反射させながらストレートに突き進む

はさみのような4つのX形にカットして強い光を反射させるシザーズをMy cutに持つ方は、真っ直ぐですっきりした輝きを持っています。裏表のない性格で、感情をそのまま言葉や態度にストレートに表すタイプ。自分の意見や感情を隠さずに表現することができます。

熱いハートを持ち、自分の直感を信じて進むことができるため、叶えたいことを見つけたら、時には寝食も忘れるほど。結果が出るまでは、わき目もふらずに一直線に突進します。非常に勇敢で決断力もあり、損得勘定がないその真っ直ぐさから周囲の信頼を得ることができます。

正義感があり情熱的に物事に取り組むことができるため、社会に貢献するご職業に向いています。たとえば生活を支えるインフラ関係や、警察官や消防士などの公務員、介護士、看護師など、人と直接関わってサポートするようなお仕事がおすすめです。

恋愛においても真っ直ぐ過ぎて不器用なところもあるため、恋の駆け引きは少し苦手。一途に想うため、愛情表現が大げさになりがちなところも。自分の考えをストレートに言い過ぎて、はさみのようにお相手を傷つけてしまうこともあるので、一旦立ち止まってみることも大切になります。

ご友人や家族との関係を非常に大切にする方なので、シザーズの情の深さを理解して見守ってくれる方たちと一緒に過ごされると真っ直ぐに輝き続けられるでしょう。

My cut 相性表

六宝陰陽タイプとMy cutで
基本となる相性をみていくことができます。
恋愛や結婚に限らず、お仕事関係や
ご家族・友人との相性などをみていきましょう。

ペア	バゲット	クッション	ボール	マーキーズ	オーバル	シザーズ
調整	飛躍	完成	感謝	浄化	休息	変化
成就	調整	飛躍	完成	感謝	浄化	休息
完成	感謝	浄化	休息	変化	挑戦	拡大
飛躍	完成	感謝	浄化	休息	変化	挑戦
浄化	休息	変化	挑戦	拡大	選択	内観
感謝	浄化	休息	変化	挑戦	拡大	選択
変化	挑戦	拡大	選択	内観	成就	調整
休息	変化	挑戦	拡大	選択	内観	成就
拡大	選択	内観	成就	調整	飛躍	完成
挑戦	拡大	選択	内観	成就	調整	飛躍
内観	成就	調整	飛躍	完成	感謝	浄化
選択	内観	成就	調整	飛躍	完成	感謝

相性の見方

相性表でご自身の六宝陰陽タイプと相性がみたい相手のMy cutが交差するところをチェックしてください。


たとえば、ご自身の六宝陰陽タイプが「月のトパーズ」で、お相手のMy cutが「ブリオレット」だった場合、相性は「拡大」となりますので、発展・共感・成長がキーワードとなります。

お仕事では、共感をしてもらいやすいプレゼンテーションをするなどして、上司や部下であっても、同じ視野を持つことを心掛けていくと互いに成長しやすい関係になります。

また、恋愛や結婚では"友達感覚"を持つことが発展への近道。一緒にできること、共有できることをデートに取り入れるなどしていくと仲が深まりやすいといえます。

六宝陰陽タイプ／My cut	ブリオレット	オクタゴン	ラディアント	カボション	トリリアント
太陽のアメジスト	挑戦	拡大	選択	内観	成就
月のアメジスト	変化	挑戦	拡大	選択	内観
太陽のトパーズ	選択	内観	成就	調整	飛躍
月のトパーズ	拡大	選択	内観	成就	調整
太陽のルビー	成就	調整	飛躍	完成	感謝
月のルビー	内観	成就	調整	飛躍	完成
太陽のパール	飛躍	完成	感謝	浄化	休息
月のパール	調整	飛躍	完成	感謝	浄化
太陽のエメラルド	感謝	浄化	休息	変化	挑戦
月のエメラルド	完成	感謝	浄化	休息	変化
太陽のサファイア	休息	変化	挑戦	拡大	選択
月のサファイア	浄化	休息	変化	挑戦	拡大

「変化」の相性

《精算・整理・現状打破》

ともに築いたものが水の泡になってしまうような事も起こりますが、困難の壁を一緒に乗り越え支え合えるようにもなれる相性です。お互いに良いところを吸収し合うように心掛けて、切磋琢磨していきましょう。腐れ縁にもなりがちなので、必要な存在か、時に再確認を。また、問題を解決に導いてくれたり、精算すべきことを助けてくれる存在でもあります。

☆

「挑戦」の相性

《変化・スタート・チャレンジ》

明るい未来をともに描き、一緒に踏み出せる相性。お互いの視野を広げて新鮮な気分にさせてくれるので、不思議と新しいことを始めたくなり、実際にやってみるとうまくいく関係性です。一緒にいるとインスピレーションをもらえるため、新しいことにチャレンジする時、背中を押してくれるでしょう。また、この相性は恋愛・ご結婚の際に過去にこだわらないことが幸運を引き寄せます。

「拡大」の相性

《発展・共感・成長》

ゆったりと心穏やかにいられれ、同じ空気感を共有できる相性です。一緒にいると視野や行動範囲も広がって、世界が大きく膨らみ輝きます。ともに成長したいという意欲が湧くので、お仕事の場合は良い流れに乗って発展させることができるでしょう。恋愛や結婚ではお互いを尊重し合いなんでも言い合える関係性になります。温かい関係で長続きもしやすく、互いを明るく照らしていきます。

☆

「選択」の相性

《行動・決断・エネルギー》

決断の後押しをし、協力者となり、光を与えてくれる相性。積極的な行動ができるようになり、エネルギッシュな生き方を目指すきっかけとなります。仕事や友人関係であれば心強い信頼関係が結べ、良いアドバイスがもらえます。活気に満ちた関係のため、恋愛となるとお互いの輝きが強すぎて時に反射し合うことも。ひとりで過ごす時間も大切にしましょう。結婚すると目標をともに掲げて一途に目指します。

「内観」の相性

《休息・調整・努力》

一緒にいると少し心の平和が乱れる関係性のため、距離感を大事にする必要がある相性。お仕事関係の場合、プライベートには立ち入らないようにするなど気遣いを心がけて。恋愛やご結婚の場合は、些細なことでぶつかり合いストレスを感じやすいため、日常的に息抜きとコミュニケーションを大切に。ただし、困ったときには全力でサポートしてくれる相性なので、医師と患者のような場合だと最良の組み合わせです。

「成就」の相性

《成功・注目・好転》

お互いに自然体で息の合う感覚があります。一緒にいるとたくさんの幸運がおとずれ、実力以上の運に恵まれ輝く未来へ繋がる相性です。仕事でも恋愛でも出会うと人生が好転して、ステージアップを助けます。もし、何か始めるのであれば、この相性の相手に相談してみましょう。ご結婚も最高の良縁といえます。但し、ご自身の時運で夜の期間にいる時には、やや衝突する事も出てくる関係性になります。

「調整」の相性

《癒し・油断・気楽》

活動期やその直後に出会うことが多いお相手で、遊び心のある関係性になります。一緒にいると心が和らぎ癒し効果があるので、落ち込んでいる時には気持ちが楽になるような相性です。ただ、恋愛では相手を過信してしまうと、振り回されがちで曖昧な関係になってしまうことも。友人関係であれば真面目な話ではなく、気楽な会話が楽しめます。

「飛躍」の相性

《再開・軌道修正・復縁》

諦めていたことや忘れていた感覚をよみがえらせてくれるような相手で、再チャレンジや新しい展開に導いてくれるきっかけも与えてくれます。一緒にいると滞っていた物事がスムーズに流れ出し、再起の意欲がわくような事や軌道修正ができる輝きあえる関係。困った時に味方にもなってくれる力強い相性です。ご結婚だと、復縁後に結ばれるケースが多く、どちらかが再婚であるような場合も多いお二人です。

「完成」の相性

《栄光・結果・成功》

仕事でも恋愛でもとても良い関係で、栄光へと導き合え、一緒にいると経済的にも豊かになるような組み合わせです。良い情報やご縁、チャンスが舞い込みやすいでしょう。また、金銭的な面だけではなく、自分になかったものに気づかせてくれたり、お互いの足りない部分を補い合えるような相性です。良い意味でお金をきっかけにご縁が出やすく、この相性でご結婚すれば、より豊かな収入を得やすくなります。

「感謝」の相性

《安定・充実・絆》

会ったばかりでも昔から友人だったかのような安心感を覚えるお相手です。仕事では適切なアドバイスをくれて、引き立て支えてくれる良きパートナーとなります。恋愛関係だと、お互いにリラックスができ、心身ともに満たされる居心地の良い恋人同士になります。この相性の方とのご結婚は周囲から信頼され祝福されます。経済的にも恵まれ、スムーズに事が運びやすいご縁です。

「浄化」の相性

《慎重・自分の鏡》

お互いの意図が伝わりにくく、勘違いが起こりやすいためどこか噛み合わないと感じることもある相性です。恋愛やご夫婦であれば、慎重に関係性を築くことで、互いの輝きを引き出して強固な絆になるでしょう。仕事相手や家族の場合、相手を鏡として捉えると人としての成長に繋がります。恋愛だと一目ぼれしやすい相性で、限りなく理想のタイプ。魅力的で追いかけてしまう相性になります。

「休息」の相性

《学び・受身》

学びの相手として現れることが多く、謙虚に受身でいるとうまくいくお相手です。強い繋がりを感じるのは、一緒にいることで成長することができるから。そのために予想外のことも起きやすくなりますが、欠点を補い合いながら行動すると共に上昇していけます。恋愛でもお仕事でもゼロか百かの相性で、良い時は最強のパートナーになりますが、関係が上手くいっていない時は足を引っ張る存在にもなります。

相性の特性を知って、ご縁を磨いていきましょう

六宝陰陽タイプとＭｙ ｃｕｔによる基本的な相性をご紹介してきましたが、相性自体に良い悪いというものは存在しません。

関係性をスムーズに進めるためのひとつのメッセージとして、ビジネスシーンや恋愛・ご結婚の際に活用してください。

一緒にいるとどのようなことが起こりやすいか、相性の特性や癖のようなものを把握しておくと、相性を磨く方法がわかってきます。

相性の個性を知り、正しく磨くことで、より良い関係性を構築していくことができるのです。

また、相性というのは、出会った時の「時運」にも大きく影響されます。

ご自分とお相手の「六宝陰陽タイプ」と「時運」もあわせて読み解いていくと、出会った意味とともに、お相手との相性を輝かせていくことができるはずです。

Oracle Message

223 Divine / Feminine

聖なる女性性／平和／委ねる

あなたの頑張り方を見直すタイミングが来ているようです。他人に頼ることや委ねることをあなた自身に許してあげましょう。

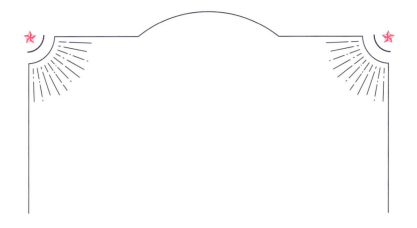

Chapter 3

時運《ときうん》

〝12の時〟を知り、
運を磨くための運勢時計

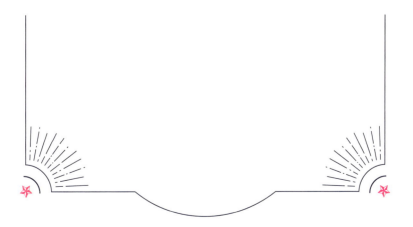

時運とは？

12周期で流れる、輝く時の粒たち

私たちの人生には運気のバイオリズムというものがあり、12周期で変化をしていきます。そのような12のキーワードに流れていく運勢を六宝陰陽学では「時運《ときうん》」と呼びます。時運には私たちが繰り返す1日の時間と同じく、［朝］［昼］［夕］［夜］という4つの大きな期間があり、

朝・・・挑戦の時、拡大の時、選択の時
昼・・・内観の時、成就の時、調整の時
夕・・・飛躍の時、完成の時
夜・・・感謝の時、浄化の時、休息の時、変化の時

これらの12の時で構成されています。

時運バイオリズムは一生変わらない

それぞれにもつ時運の周期は生涯変わることはありません。たとえば、〝毎年○月は「挑戦の時」だから、新しいことはこの月からにしよう〟というように、予め、「年」と「月」の時運を知っておくことで、ひとつひとつの大切な時をさらに磨いてクリアに輝かせるための人生の設計図を描くことができます。

すべてのはじまりは「挑戦の時」から

六宝陰陽学では、12周期のはじめとなるのは「挑戦の時」からとなります。このスタートとなる「挑戦の時」を知っておくことはとても重要なので、時運バイオリズム表では煌めきアイコンをつけています。

どの時期が良い悪いということではなく、
静けさに包まれた漆黒の夜も賑わいに満ちた真昼の明るさも私たちにとっては必要な時間。
早朝に煌めくサンライズも夜空に浮かぶ月も、どちらにもそれぞれの輝きがあるように、
刻一刻と流れていくすべての時間が私たちにとってはきらきらとした大切な時の粒なのです。

たとえば、アラームのように人生の重要な決定をタイミングの良い時運の時期に設定したり、それぞれの時に適した過ごし方をすることで、
能力を大きく開花させる機会に恵まれたり、ご縁を引き寄せやすくなります。

ご自身の時運のみならず、皆さんにとって大切な人やご家族の時運を知っておくことで、
ポジティブな関係性を築きやすくなることも。

但し、これはお伝えしておきたいのですが、
時運というのは決してあなたの行動を縛るものではありません。

人生の大切な瞬間に気づかせてくれる時計、
そして、輝かせてくれるヒントが詰まった宝探しの地図のようなもの。
ときおり時計をみて、現在の時間を確認しながら、
あなたらしく時を歩むツールとして時運を活用させてください。

Amethyst

アメジスト

[太陽のアメジスト]

2024	2025	2026	2027	2028	2029	2030	2031	2032	2033	2034	2035
昼		夕		夜				朝			昼
4月	5月	6月	7月	8月	9月	10月	11月	12月	1月	2月	3月
成就	調整	飛躍	完成	感謝	浄化	休息	変化	挑戦	拡大	選択	内観
正午・注目、願望成就	午後14時・油断に注意	夕方16時・再生、再開	夕方18時・達成、パワフル	夜20時・集大成	夜22時・振り返り	深夜0時・充電期間	深夜2時・最終調整	夜明け・スタート	朝6時・行動、発展	朝8時・決断、実行	朝10時・小休憩

[月のアメジスト]

2024	2025	2026	2027	2028	2029	2030	2031	2032	2033	2034	2035
昼			夕		夜				朝		
4月	5月	6月	7月	8月	9月	10月	11月	12月	1月	2月	3月
内観	成就	調整	飛躍	完成	感謝	浄化	休息	変化	挑戦	拡大	選択
朝10時・小休憩	正午・注目、願望成就	午後14時・油断に注意	夕方16時・再生、再開	夕方18時・達成、パワフル	夜20時・集大成	夜22時・振り返り	深夜0時・充電期間	深夜2時・最終調整	夜明け・スタート	朝6時・行動、発展	朝8時・決断、実行

Topaz

トパーズ

[太陽のトパーズ]

時間帯	年	月	キーワード	内容
夜	2024	4月	**飛躍**	夕方16時・再生、再開
夜	2025	5月	**完成**	夕方18時・達成、パワフル
夜	2026	6月	**感謝**	夜20時・集大成
夜	2027	7月	**浄化**	夜22時・振り返り
夕	2028	8月	**休息**	深夜0時・充電期間
夕	2029	9月	**変化**	深夜2時・最終調整
朝	2030	10月	★ **挑戦**	夜明け・スタート
朝	2031	11月	**拡大**	朝6時・行動、発展
朝	2032	12月	**選択**	朝8時・決断、実行
昼	2033	1月	**内観**	朝10時・小休憩
昼	2034	2月	**成就**	正午・注目、願望成就
昼	2035	3月	**調整**	午後14時・油断に注意

[月のトパーズ]

時間帯	年	月	キーワード	内容
昼	2024	4月	**調整**	午後14時・油断に注意
夕	2025	5月	**飛躍**	夕方16時・再生、再開
夕	2026	6月	**完成**	夕方18時・達成、パワフル
夜	2027	7月	**感謝**	夜20時・集大成
夜	2028	8月	**浄化**	夜22時・振り返り
夜	2029	9月	**休息**	深夜0時・充電期間
夜	2030	10月	**変化**	深夜2時・最終調整
朝	2031	11月	★ **挑戦**	夜明け・スタート
朝	2032	12月	**拡大**	朝6時・行動、発展
朝	2033	1月	**選択**	朝8時・決断、実行
昼	2034	2月	**内観**	朝10時・小休憩
昼	2035	3月	**成就**	正午・注目、願望成就

Ruby

ルビー

[太陽のルビー]

夜				朝			昼			夕	
2024	2025	2026	2027	2028	2029	2030	2031	2032	2033	2034	2035
4月	5月	6月	7月	8月	9月	10月	11月	12月	1月	2月	3月
感謝	浄化	休息	変化	挑戦	拡大	選択	内観	成就	調整	飛躍	完成
夜20時・集大成	夜22時・振り返り	深夜0時・充電期間	深夜2時・最終調整	夜明け・スタート	朝6時・行動、発展	朝8時・決断、実行	朝10時・小休憩	正午・注目、願望成就	午後14時・油断に注意	夕方16時・再生、再開	夕方18時・達成、パワフル

[月のルビー]

夕	夜				朝			昼			夕
2024	2025	2026	2027	2028	2029	2030	2031	2032	2033	2034	2035
4月	5月	6月	7月	8月	9月	10月	11月	12月	1月	2月	3月
完成	感謝	浄化	休息	変化	挑戦	拡大	選択	内観	成就	調整	飛躍
夕方18時・達成、パワフル	夜20時・集大成	夜22時・振り返り	深夜0時・充電期間	深夜2時・最終調整	夜明け・スタート	朝6時・行動、発展	朝8時・決断、実行	朝10時・小休憩	正午・注目、願望成就	午後14時・油断に注意	夕方16時・再生、再開

Pearl

パール

［ 太陽のパール ］

夜		朝			昼			夕		夜	
2024	2025	2026	2027	2028	2029	2030	2031	2032	2033	2034	2035
4月	5月	6月	7月	8月	9月	10月	11月	12月	1月	2月	3月
休息	変化	☆挑戦	拡大	選択	内観	成就	調整	飛躍	完成	感謝	浄化
深夜0時・充電期間	深夜2時・最終調整	夜明け・スタート	朝6時・行動、発展	朝8時・決断、実行	朝10時・小休憩	正午・注目、願望成就	午後14時・油断に注意	夕方16時・再生、再開	夕方18時・達成、パワフル	夜20時・集大成	夜22時・振り返り

［ 月のパール ］

夜			朝			昼			夕		夜
2024	2025	2026	2027	2028	2029	2030	2031	2032	2033	2034	2035
4月	5月	6月	7月	8月	9月	10月	11月	12月	1月	2月	3月
浄化	休息	変化	☆挑戦	拡大	選択	内観	成就	調整	飛躍	完成	感謝
夜22時・振り返り	深夜0時・充電期間	深夜2時・最終調整	夜明け・スタート	朝6時・行動、発展	朝8時・決断、実行	朝10時・小休憩	正午・注目、願望成就	午後14時・油断に注意	夕方16時・再生、再開	夕方18時・達成、パワフル	夜20時・集大成

Emerald

エメラルド

[太陽のエメラルド]

朝			昼			夕		夜			
2024	2025	2026	2027	2028	2029	2030	2031	2032	2033	2034	2035
4月	5月	6月	7月	8月	9月	10月	11月	12月	1月	2月	3月
挑戦	拡大	選択	内観	成就	調整	飛躍	完成	感謝	浄化	休息	変化
夜明け・スタート	朝6時・行動、発展	朝8時・決断、実行	朝10時・小休憩	正午・注目、願望成就	午後14時・油断に注意	夕方16時・再生、再開	夕方18時・達成、パワフル	夜20時・集大成	夜22時・振り返り	深夜0時・充電期間	深夜2時・最終調整

[月のエメラルド]

夕	朝			昼			夜				夕
2024	2025	2026	2027	2028	2029	2030	2031	2032	2033	2034	2035
4月	5月	6月	7月	8月	9月	10月	11月	12月	1月	2月	3月
変化	挑戦	拡大	選択	内観	成就	調整	飛躍	完成	感謝	浄化	休息
深夜2時・最終調整	夜明け・スタート	朝6時・行動、発展	朝8時・決断、実行	朝10時・小休憩	正午・注目、願望成就	午後14時・油断に注意	夕方16時・再生、再開	夕方18時・達成、パワフル	夜20時・集大成	夜22時・振り返り	深夜0時・充電期間

Sapphire
サファイア

[太陽のサファイア]

朝		昼		夕			夜			朝	
2024	2025	2026	2027	2028	2029	2030	2031	2032	2033	2034	2035
4月	5月	6月	7月	8月	9月	10月	11月	12月	1月	2月	3月
選択	**内観**	**成就**	**調整**	**飛躍**	**完成**	**感謝**	**浄化**	**休息**	**変化**	☆ **挑戦**	**拡大**
朝8時・決断、実行	朝10時・小休憩	正午・注目、願望成就	午後14時・油断に注意	夕方16時・再生、再開	夕方18時・達成、パワフル	夜20時・集大成	夜22時・振り返り	深夜0時・充電期間	深夜2時・最終調整	夜明け・スタート	朝6時・行動、発展

[月のサファイア]

朝			昼		夕			夜			朝
2024	2025	2026	2027	2028	2029	2030	2031	2032	2033	2034	2035
4月	5月	6月	7月	8月	9月	10月	11月	12月	1月	2月	3月
拡大	**選択**	**内観**	**成就**	**調整**	**飛躍**	**完成**	**感謝**	**浄化**	**休息**	**変化**	☆ **挑戦**
朝6時・行動、発展	朝8時・決断、実行	朝10時・小休憩	正午・注目、願望成就	午後14時・油断に注意	夕方16時・再生、再開	夕方18時・達成、パワフル	夜20時・集大成	夜22時・振り返り	深夜0時・充電期間	深夜2時・最終調整	夜明け・スタート

休息の時［夜］

深夜0時のような静けさが漂う時

この時期は、何かが動き出す前のサイレントな「充電期間」。始まりの予感を感じながらも、眠りのなかにある時。

月明かりのもと、シーンとした静寂に包まれた時間です。

ここでは、休息を意識した時間を大切にして、あなたの内側に目を向けてください。静かに過ごすことが心地よく感じる時でもあり、深夜0時のような時運なので、リセットや切り替えにも向いています。

この時間帯ならではの静けさに、ふと、停滞感を感じてしまう人もいるかもしれませんが、そのような場合は「成就の時」「飛躍の時」「完成の時」の3つの時を過ごしている、太陽の明るさや夜の賑わいを纏っている人たちと一緒に過ごすとパワーをもらうことができます。

私はこの時期の方々を総称して「活動期の人」と呼んでいますが、この人たちが周りにいることで良いエネルギーをもらえて、心の支えとなるでしょう。〝時流の波に乗っている人〟というのは、その人を見たり話を聞いていればなんとなくわかったりするものです。

接していて「この人順調そうだな」「なんとなく安定している感じがするな」とエネルギーが高く感じられる人たちと意識的に行動することで、自然と気持ちが安定して穏やかに過ごすことができるでしょう。

「休息の時」に新たに出会った人というのは、深夜0時のような分岐点で引き合っているので、お相手の本当の姿が夜の暗さの中で見えにくいというような特徴があります。悪い人と出会うということではなく、その方の真の部分とは異なる部分をクローズアップしてしまったり、自分が思い描いていた人ではなかったという勘違いが後に起きやすい時なのです。

真夜中に書いたラブレターを朝読み返すと恥ずかしくなってしまいますよね。そのような思い込みをしてしまいがちな時と思ってください。

たとえば、この時期に出会った人と恋愛をしてお付き合いをして、結婚を決めるという流れになった時に、朝日の明るさの中でお互いを見つめ直してお別れを選んだりする方も多い傾向にあります。

この時期に結婚を決める、大きな買い物や投資をする、家を建てる、起業するなどのアクションは少し様子をみてみましょう。手放しやリセットすることにはとても適した時期なので、ここまで引きずってきてしまったことや、好ましくないご縁は終止符を打つと、この先に清々しい朝の時を迎えられるでしょう。

隠されていた部分にも光があたり、極端なことが起こりやすい

この時期は「隠されていた才能や個性」にスポットライトがあたる時でもあります。とくにクリエイティブな職業の人、スポーツ選手などにとっては非常に大きな成果を上げられる時期でもあります。

そして、静かに過ごすことが心地よい、という時期でもアクティブな性質の人は動いてしまうので、「休息の時」は六宝陰陽タイプによって状態が異なる場合があります。

人によっては、雲の切れ間から輝きに満ちた月の光がそそがれるようにこの時期に驚くような成功をおさめたり、ブレイクスルーも起こりやすいのです。

ただ、その成功と同時に突然月の光が遮られ、夜の暗闇に包まれるように何かを見失ったりと、運勢のコントラストが非常にはっきりしてくる時とも言えるでしょう。


そのような性質を持つ時なので、人によっては深夜0時の静けさではなく、むしろ昼の12時のような忙しさが押し寄せる方もいらっしゃいます。


その方によって起こる出来事が極端な「休息の時」は、それぞれの〝転換期前のプロローグ〟とも捉えられます。

映画やドラマのプロローグで一見、ネガティブに感じる出来事が起こることがありますが、のちの未来へ続く、重要な伏線となっているということがありますよね。

人間関係では、それまで仲が良かった人たちが離れていったり、自分に厳しいことを言ってくる人が出てくることもあります。そんなことが続くと落ち込んだり、言われたことが図星だとイラッとしたり、辛いと感じることもあるかもしれませんが、それはこの後にやってくる眩い光を浴びるために、必要なことを教えてくれるために苦言を呈してくれる方が現れている場合があります。なるべく真摯に受け止めて、自分を見つめ直すきっかけと考えてみましょう。

目まぐるしいほど注目されて忙しいのになぜかお金が入ってこないというケースや、反対に驚くほどお金が儲かっているのに同じくらい出費が多い、というお金に関することも起こりやすい時期。

深夜0時というと、動き回らずに、しっかりと睡眠をとりたい時間帯。
「休息」を意識して穏やかに過ごし、自己対話や自分時間を楽しむこと。
いずれにせよ言えることは、「人生において必要な時間」ということなのです。

次なる始まりの準備期間に、ゆっくりと過ごし、何を育むか、何を温めるのか。
それらを意識して、この静かなる時期を過ごすとよいでしょう。

《この時期のまとめ・過ごし方のアドバイス》

- 結婚や起業、大きな決断や買い物は焦らずに一旦様子をみる
- アーティストやクリエイター、スポーツ選手などは高記録を出すことも
- 急に動きが止まっても焦らずに休息を
- 不要と感じるものや人間関係は今こそ手放しやリセットを
- 活動期と呼ばれる時期の方からパワーをもらう
- 大きな転換期前に必要なことが起きていると受け止めて
- 自分磨きやセルフメンテナンスに最適な時期
- ひとりでのゆとり時間を楽しむ

Oracle Message

Inexperience.

未熟／未経験／学び

気になる資格や習い事があるのであれば、是非この機会に挑戦してみてください。それはきっと、将来のあなたに役に立つはずです。

変化の時［夜］

静けさのなかで夜明け前の最終調整を

街も人も深い眠りにつき、古くは丑三つ時とも呼ばれていた深夜2時。

「変化の時」というのは、この深夜2時～4時の夜明け前のような時間です。

新しく切り替わる大きな転機・スタートに向けて、深夜から明け方にかけての空の様子のように〝変化〟という準備が少しずつ始まる時になります。

「浄化の時」～「変化の時」にかけての［夜］は、まだ眠っている原石のようなもので、「これからどう磨いていこう？」と考えるのに適した時間なのです。

実際に何かするというよりは、次の旅立ちに向けて旅のスケジュールや準備についてじっくりと考えるような時期なので、その準備も、動的な変化ではなく静。心の準備がメインになります。

ご自身が夜明け前なので、周囲の状況や環境など、今まで見えていた景色が変わっていくような感覚があります。

周りをみると焦りや不安を感じることもあるかもしれませんが、ここでは走り出すまえの軽いスキップのような速度を意識して。変化の足音が近づいてくるのをひしひしと感じながらもまだ深い眠りの中で、心と体を休めているような段階です。

新しいことを始めるのにはもう少し後のほうが適しているのですが、就職や入学、異動や転勤など新たなスタートを切る節目になっている人は、何事にも少し立ち止まって慎重になることを心掛けましょう。焦りは禁物なので、様子をみながら時を待ちましょう。

手放しと整理整頓で新しいスペースを空けて

ひとつ前の「休息の時」は深夜0時のような時なので、何かを積極的に動かすことは避けて、静かなる時間を味わうように過ごすとよいのですが、この「変化の時」は間もなく訪れる明け方を控えた時。

清算・整理がキーワードとなってくるので、朝日が昇る前に思い切った手放しをするということを意識すると良いでしょう。

「変化の時」はずっと気になっていたことやなんとなく続けてしまっている習慣や関係をきっぱりと終わらせたり、整理整頓をして、次なる時の準備ためにスペースを空けるような行動がおすすめです。

心や時間のスペースを空けたら、資格を取る勉強や転職の準備などを始めるのにも良い時期です。

たとえば、長年住んでいた家を手放したりすることもいいかもしれません。但し、契約事や大きな動きは様子をみたほうがいい時なので、この時はこれからの予定を立てる準備期間として、新たに購入することや家を建てるようなことはもう少し後にしましょう。

「変化の時」は、今まで起こらなかったようなことが起こりやすい時運。

たとえば今まで平和でハッピーだった方に立ち止まって考えさせられるようなことが起きたり、反対に苦しいことが多かった方に幸運なことが起きたりするので、〝変化の分岐点〟と捉えるといいでしょう。

そして、この時期は、ひとつ前の「休息の時」と同様にお金に関することが起こりやすいのも特徴です。

起こる出来事は人によって異なりますが、今まで順調にお金を稼げていた人が急に停滞したり、お金が稼げていなかった人が稼げるようになったりと、反転現象が起きやすくなります。

お金と向き合うことに良い時なので、借金があるのであれば整理をしたり、投資であれば大きなものではなく、積み立てのような安心感を持って取り組めるような計画をしてプールをしておくなど、お金の使い方を見つめ直してみましょう。

恋愛面でも前述のお金と同じで、反転現象が起きやすいのです。

たとえば、とても仲の良い相思相愛なカップルが、「変化の時」に入ると急に距離を感じてしまう、ということもあります。

反対に諦めかけていた疎遠だった関係性の方と急に仲良くなるようなことも。

清算・整理の時なので、長年付き合っていた人とここでお別れするということもあるかもしれません。もし離婚やお別れを考えているならば、この時期に決断して実行すると後に振り返った際に、あの時に勇気ある決意をして良かったと思えるようなスタートが切れ、良縁をより引き寄せやすくなります。


慣れていないことも起きやすいですが、それに対してどう対応するかということが次のサイクルで役立つ学びになる時期です。

あらゆる面において〝変化〟が起こる時ではありますが、すべては次に進むために意味あるものだと認識して過ごすことが大切です。


そして、次に巡る時運は、いよいよ朝日が昇る時間です。

新しいものを呼び込むにはスペースが必要。
「変化の時」に、持っている荷物をなるべく軽くして、朝を迎える準備をしましょう。

《この時期のまとめ・過ごし方のアドバイス》

- 清算・整理がキーワード
- 新しい挑戦の前に準備をするのに最適な時期
- 周囲の環境が変わっても、焦らずに様子をみて
- お金や経済的なこと、人間関係に関する反転現象が起こりやすい
- 手放しやずっと気になっていた事柄を片付ける決断にいい時期
- あらゆる変化は次に進むために必要なことが起きていると捉えて

Oracle Message

Release / Let go

解放／手放す／見送る

無理をして掴もうとしなくても、チャンスは無限にあなたの元にやってきます。踏ん切りがつかない場合は見送っても大丈夫です。

挑戦の時［朝］

朝の太陽の光が射し込み、新たな12の時運がスタート

さあ、夜明けを迎えましょう！

新しい自分へと続く、光の道を歩み出していく時です。

ここからが12の時のスタート地点。新たなる12周期がここから始まるので、夜の静けさから一転、サンライズのまばゆい光が射し込む早朝4時〜6時のような［朝］になります。［夜］の期間を静かに自分と向き合い見つめ直し、手放しをしてきたことで、新たなる一歩を自信を持って踏み出せるはず。

ベッドから起きて清々しい早朝の空気を取り入れて、新しいサイクルを迎えましょう。

守りの姿勢から攻めに移行するフェーズの時で、面白いと思えることに出会いやすく、様々なことにポジティブにチャレンジできます。ここまでの［夜］の期間に難しいと感じ

るような出来事が起こった人も、ここでようやく新たな気持ちで動き出せるでしょう。ただ、ここまでにしっかりと休息や準備ができていないとこの時期に挑戦してもうまくいきにくい流れになりやすいので、この「挑戦の時」までに自分と向き合い、改めて不必要なものは手放し、清算して、ある程度の土台を築いておく必要があります。

経済的なことでは、収入が増え始めたり、念願だった目標が叶い始めたりと、すべてがうまくいき始めていると感じるのがこの時期ですが、雪解けのあとの水の流れと同じように急激ではなく、徐々に流れるように変わっていきます。

そのようなグラデーションのように起こる嬉しい出来事のなかで気をつけて欲しいことが、その前の［夜］の期間に起きた出来事を引きずらないこと。眠りから醒めずにいると、思ったように事がうまく運びません。

静から動へ――。
気持ちや状況のリセットをして、新たな気持ちで挑戦をしていくことが大切です。

［朝］の期間は自然とそういった前向きな気持ちになりやすいので、ちゃんと流れに乗っていれば問題はありませんが、思い切って起き出していくことを意識しておくと良いでしょう。

何かを始めるのに適した［朝］なので、今まで悩んでいた大きな買い物をしたり、起業や開店、思い切って転職もおすすめです。新しいことを積極的にやってみましょう。但し、起きたばかりの早朝のような状態ではあるので、うっかり浮かれてしまいがち。むやみやたらな出費や浪費には気をつけましょう。

この前の時にあたる［夜］の期間では、会社員をされている方の場合だとその時に強く「会社を辞めたい」「転職したい」と思ってしまいがちなのですが、そこで下手に動くと結局動いた先の場所でもうまくいきにくい傾向があります。

［夜］の期間に準備を整えて、この「挑戦の時」に入ってから動くことが吉です。大きな契約や転職・起業などを考えているならここまでは少し様子をみてみましょう。この「挑戦の時」からは何事もおそれずに軽やかにチャレンジしていきましょう。

眠りから目覚め、コミュニケーションが円滑に

［夜］の期間ならではの静けさの中で、自分のことに集中しがちな方も多かったのでは。自己対話を突き詰めた結果、家族や恋人のケアにまで気が回りにくく、それによるミスコミュニケーションが起こることもあったかもしれません。

しかし、「挑戦の時」になると本来の自分というものが取り戻され、コミュニケーションにも余裕が出てきます。気持ちにゆとりがあると同じ環境でも良い方向に変わっていくので、家族や恋人との関係性が改善されやすくなる時です。新たなるスタートや〝始めること〟が良い結果に繋がる時なので、新しくパートナーシップを築いたり、一緒に暮らし始めたり、結婚にもベストといえます。そして、「挑戦の時」に新たに出会った人は、公私ともに自分にとってプラスなものを運んできてくれるでしょう。できるだけいろいろな場所へ出かけて、ご縁を繋いでおくと今後の種まきになります。

いいかえれば、この時期に新しいことに挑戦することを控えてしまうと、これからの活動期の発展が小さくなってしまいます。

いつもよりフットワークを軽く羽を広げて飛びまわることが、さらなる幸運を呼び込み

これからの12の時の流れをつくるので、なるべく外へ出かけていきましょう。

《この時期のまとめ・過ごし方のアドバイス》

- ☑ これからの12年の土台となる大事な年
- ☑ 新しいことをスタートさせる
- ☑ ［夜］の期間に起きたことを引きずらない
- ☑ 大きな買い物や契約事、転職などもおすすめ
- ☑ 結婚にも向いている時
- ☑ いろいろな場所に積極的に出かけてご縁繋ぎを
- ☑ 長期的な目標を設定する

Oracle Message

253 Conflict / Obstacle

葛藤／障害／困難

今置かれている状況がどんなに辛くても、後から振り返ると、それが美しい景色に変わる瞬間が必ずやってきます。

拡大の時［朝］

最も輝く時へ向けて、ここからさらなる飛躍を

朝6～8時。本格的な1日が始まり活気づく時。12の時の起点となる大きな切り替えがあった「挑戦の時」の後になるこの「拡大の時」はさらにやる気に満ちて、いい出会いにも恵まれ、何をやっても順調に進むように感じます。これからの人生を輝かせるチャンスやきっかけのような出来事がたくさん訪れてきます。キラキラとした世界が目の前にあり、人生の末広がりの時です。

ひとつ前の「挑戦の時」は新しいことをスタートさせるのに大変良い時期でしたが、「挑戦の時」から始めたことをさらに広げていくために真剣に取り組んでいくことで、自分自身や周りの成長が加速します。

「拡大の時」では目標や夢を具現化し、行動していくことで大きな飛躍が期待できます。精力的に行動することで、チャンスの芽をどんどん伸ばしていきましょう。

仕事では独立、開業、移転などにもベストシーズン。積極的に人脈を広げたり、情報収集をしたり、知識を得るための勉強をするなど、ここで自分にとってプラスになるものを吸収していくといい時期です。資格取得などもいいでしょう。常にアンテナを張り巡らせておき、必要な情報を手に入れていきましょう。

新しい職場や場所へ出向くことが多くなると、最初は不慣れと感じるようなシーンにも遭遇しますが、自分に足りない部分を強化できる最良の機会です。「拡大の時」はこの後も長いお付き合いになる方々に出会えたり、成長させてもらえる経験ができる時期なので、臆せずにいきましょう。

経済的なところですと、何かに挑戦するための投資をするのにもいい時です。しかしながら、それに対する自分の努力が追いつかないと無意味な投資になってしまう場合もあるので、それにともなう行動や勉強、計画性はもちろん必要です。準備をしっかりとして、知識を得た後での目標達成や自分を高めるための自己投資は積極的に考えて良い時期。仮にここで少し失敗と感じることが起きても、のちの成功に繋がるような学びがあることが多い傾向にあります。

恋愛面でも新たな出会い、良いご縁に恵まれる時。

ただ、ここまでに整理すべき関係性や引きずってきてしまった縁を手放しておかないと新しい出会いが訪れにくくなるので、［夜］の期間にできるだけ取捨選択をしておくことが鍵になります。ひとつ前の「挑戦の時」までにはできるだけ自分にとって必要なものとそうでないものの区切りをつけておきましょう。

これからの人生で大切にしていきたい人というのはどういう方なのかを真剣に考えておくことが大切です。互いに成長しあえるパートナーシップを築きやすいので、結婚にもいい時期でしょう。

基本的には、公私ともに「拡大の時」は前のめりの姿勢で良い時です。「拡大の時」は、「ここからますます発展させるために攻めていく！」という気持ちで、その波に乗りながら大事に慎重に歩んでいく。そのような意識でどんどん動いていきましょう。

［夜］の期間に活躍した方はここで立ち止まって

この「拡大の時期」に注意していただきたいのは［夜］の期間にうまくいった人。本来、［夜］は立ち止まって自分と向き合う静かな時期になります。しかし、世の中には極端な運気を持つ方が一部いて、［夜］の期間に驚くような成功をおさめたり、爆発的な活躍をしたり、非常に忙しくあったりします。その方たちはその時が自分の人生の絶頂と思いがちなのですが、実はそれは絶頂期ではなくあくまで偶発的なもの。そこで思わず調子に乗った行動をしてしまったり、過去の栄光にしがみついてしまうと、成長を止めてしまいます。そのような［夜］の期間に大きな富を得た人は、この「拡大の時」でさらに広げていこうとすると反対の方向に拡大してしまい、空回りしてしまう可能性があるので、大きな投資は自重を。［夜］の期間に大きな動きがあった人はこの「拡大の時」にこそ、気を引き締め直すことが大切です。過去の成功に酔いしれたり、溺れることなく真摯な気持ちを忘れずに、さらに自分を磨いていく心持ちで何事にも取り組むことを心掛けて。

《この時期のまとめ・過ごし方のアドバイス》

☑ 行動あるべし。積極的に動いていく時
☑ 物事がスムーズに進みやすい
☑ 新しい出会いや縁に恵まれる時期
☑ 情報収集のために常にアンテナを張り巡らせておく
☑ 知識のための勉強、資格取得、習い事を始めるのに最適な時期
☑ 計画性を持った投資は吉
☑ ［夜］の期間に活躍した人は気を引き締めて

Oracle Message

259 True love / Intimacy

真実の愛／親密／ロマンス

これから「運命」を感じるような素敵な展開があなたを待っているようです。

選択の時［朝］

必要なものを見極めて、選択して決定する

時刻だと朝8〜10時。ひとつ前の「拡大の時」で積極的に動いたとしたら、この時期は日中の活動に向けて今後を改めて見直す、本格的なコアタイム前の整える時間になります。自分にとって本当に大切なものを選択する、これからの人生を決定づける大事な時。未来のことを考えて、今どういう選択をすると自分にとってプラスになるのか、何かやり残したことがないかなどを考えるといい時期です。

徐々に余計なものが削ぎ落とされることで、自分に自信が持てる時でもあります。

花の成長にたとえるならば、ひとつ前の「拡大の時」は十分な水や必要な肥料を与えて育て、ぐんぐん伸ばす。そして「選択の時」は、バランスを整えるために必要な枝を選定していく時期です。そうすることでより成長を促し、いい方向に進むと考えましょう。この時期に決めたことや始めたことは根付きやすいといわれています。

「挑戦の時」や「拡大の時」に迷って始められなかったことは、これからに向けてここできっちりと最終決定をしましょう。どこかでぼんやりとさせてしまっていたこと、くすぶっていたことをはっきりさせていくと良い時期です。

お仕事では、独立や起業、転職をする、欲しかったものを購入するなど、「やりたいと思っていたけど今まではやれていなかったこと」にフォーカスして、実際に決断・実行していきましょう。

今まで積み上げてきた経験や努力が実りやすい時期なので、頑張ったら頑張ったぶんだけ仕事で重要なポジションを得られ、収入もきちんと入ってくるので運が味方しているように感じられるでしょう。

ただ、この「選択の時」は周囲でうまくいっている人を見ると、つい焦りが出てしまいやすい傾向もあるので、人と比べずに自分に集中しましょう。

「選択の時」は決断することが幸運を呼ぶので、ずっと好きだった方に告白をしたり、お付き合いを始めたり、結婚におすすめの時期でもあります。この時期にお付き合いを始めると長く続いたり、安定した結婚生活を送れるといわれています。

但し、［夜］の期間に出会っていて、「3年ほど経ったからこのあたりで結婚しようか」というような惰性からの選択はおすすめしません。この「選択の時」に別れという決断を選んで、次のステップへ進んだほうが後に賢明な判断だったと思えるかもしれません。ただ、［夜］の期間に救いの手を差し伸べてくれた人や献身的にサポートをしてくれた人、そしてお相手が活動期の方の場合は結婚しても問題ないでしょう。

恋愛で複数の人との関係で悩んでいたり、浮気をしているという人はこの「選択の時」にこそ、必ずひとりに決めること。そうしておかないと次の［昼］の期間に白昼にさらされるような出来事が起こり、想像以上に悩まされることになるかもしれません。

［朝］の期間の最後の時になり、忙しく動いているので若干トラブルに巻き込まれやすく、精神的に少し疲れやすさを感じる時に入ってくるので、体調面でも見直しをしておくことが大切です。ここで人間ドックや健康診断をしておくと、何か見つかったとしても治りが

速いことが多い傾向にあります。体づくりの習慣を始めたり、体のメンテナンスやチェックをマメにしておくといいでしょう。

活動的な時間になる前の振り返りの時

棚置きしていたことがあればおろして、真正面から向き合い、揺るぎない自信を持って決断していく。「選択の時」はこれから本格的な太陽の光を浴びて活動的になっていく［昼］の3年間の方向性をつくっていく、土台を整える重要な時期なので、人生のキーポイントとなっていきます。そのような足がための時期なので、しっかりと選択と見直しをすることが大切です。今までを振り返ってみると、新たな発見も得られやすい時。たとえば、昔好きだった映画や音楽を鑑賞したり、本を読み返してみたり、懐かしい思い出の場所を訪れると今の自分にとっての大切なものが再認識できるはず。

人生の脚本のプロローグをここでもう1度しっかりと読み直してみましょう。

《この時期のまとめ・過ごし方のアドバイス》

- ☑今までの努力が報われる時
- ☑人と比較せず、自分にフォーカスを
- ☑懐かしい場所や好きだったものを振り返る
- ☑無駄なもの、不要なものを手放して整える
- ☑やり残したことがあれば、チャレンジすると吉
- ☑自然と自信が出てくる時期
- ☑今自分に必要なものを改めて選択していく
- ☑健康診断を受けたりと、体のメンテナンスをしておく
- ☑この時期に結婚すると安定しやすい
- ☑人間関係の見直しをする

Oracle Message

265 Chance / Fortune

チャンス／幸運

これからはあなたが主役です。まるでスポットライトを浴びるような素晴らしい展開が次々とやって来そうです。

内観の時［昼］

自分の内側に目を向けて一旦ひと休み

ここから［昼］の期間に入りますが、時刻で言うと10〜12時。

昔は〝おじゅうじ〟といって、10時頃に休憩や間食をする習慣がありました。この後に忙しくなる日中から夜に向けて「自分が一番心地よくいられる居場所作り」がテーマになります。

［朝］の期間に外交的になり、動き回って選択や決定をしてきた分、ここで少し疲れが出やすくなり、注意力を欠き判断ミスが起こりやすくなる時です。引き続き忙しく、求められている時ではあるのですが、心や体の揺らぎはしっかりと受け止めて、リラックスできるポジションを自分自身の中に築いてあげましょう。

この「内観の時」は、［朝］の期間から新しいことを始め、活発になっていた状態から自分の心も体も少し緩やかにしてあげて、ここで一旦ひと休みのフェーズです。

この時期に体と心のメンテナンスに集中しておかないと、アクシデントに巻き込まれやすくなる傾向があります。たとえば、一見良さそうな話が舞い込んできても、蓋を開けてみたら自分にとってとても困ることに後々繋がってしまったり、困っている人を助けたと思ったら巻き込まれて大変な目に遭ったりと、あまり良い結果を招きません。

一歩引いて、冷静に状況判断をしていけば大丈夫です。次の「成就の時」になるとチャンスに恵まれるので、それまでに心と体を整えて、いい流れに乗りましょう。

お仕事では、求められることが増えるので多忙になりがちですが、「しっかり働いて、きちんと休む」ことが大事な時。集中力も少し落ちがちなので、限界を感じる前に、意識的に休むようにしましょう。

家を建てたり改装したり、車を購入するという大きな買い物には慎重になったほうがいいでしょう。この時期に購入した車は故障してしまったり、建てた家ではトラブルが起きたり、そこに住む家族の健康が不安定になるといったことが起きやすい傾向があります。

前の「選択の時」までに決めておくか、もし、ご家族がいる場合は、ご自身では買わずに、代表して家を購入する人や契約する人が契約や決定に向いている時運であればベストです。基本的に家を買う、建てる引っ越しをするなど大きな動きがある際は家族全員の時運をチェックするようにしましょう。18歳までは親の時運に影響をうけるため、この場合はお子さんは対象外になります。

恋愛面では、あなたが立ち止まっている時に温かく包んでくれる人との出会いが起きやすくもありますが、実は同じような悩みを抱えている人だったりもします。共依存が生まれやすい関係性なので、相手の中にある気になる部分を見つめ直すきっかけにすると、ご自身の成長にも繋がるでしょう。結婚を考えている方は、次の「成就の時」まではお互いの関係を深めるような時間にするとより良いパートナーシップが築けます。

体調を崩しやすく、事故やケガも起きやすい時期なのでとにかく無理をせずセルフメンテナンスを心掛けて。精神面でもいつもより弱ってしまったり、甘い話につい耳を傾けてしまいがちなので、必要以上に人と会ったり、物事をむやみに動かそうとしないようにして現状キープを。今を大切にしながら過ごしましょう。

今を大切にして次なる時を迎えて

少しネガティブな印象のことを続けてお伝えしてしまいましたが、必要以上に悲観的になる必要はなく、自分の内側と向き合うこと、内観をしていくことでこの先くる「成就の時」にさらなるいい流れを生み出す時なのです。

そして、ひとつ前の「選択の時」でしっかりと自分に向き合い、選択と決断をしておくことが大事になります。ここまでに必要なものを見極めて取捨選択をしてきた人は、アクシデントの影響を受けにくく、回避できます。

しかし、何事も中途半端にしたまま持ち越してしまうと、影響が大きくなる可能性があります。「選択の時」までの過ごし方を問われることになるので、予め、12の時運全体の流れをみて過ごしていくことが大切です。

大きな動きをせずに、抗わず、焦らずを心掛けて「内観の時」を静かに過ごした後には、雨があがった後にかかる虹のように、待ちわびた出来事や出会いが待っていますので楽しみにしていてください。

《この時のまとめ・過ごし方のアドバイス》

- ☑ 小休憩の時と考えて、自分自身と向き合って
- ☑ 判断ミスをしやすい時なので、どんな時でも冷静に
- ☑ 親切心は禁物。一歩引いた人間関係を心掛けて
- ☑ いい話が舞い込んでも安易に乗らないこと
- ☑ 疲れたら無理せずリフレッシュを
- ☑ 今を大切に丁寧に過ごそう
- ☑ 「選択の時」までに決断しておくとより良い流れに
- ☑ 大胆な動きは控えた方がベター。

Oracle Message

271

Communication

コミュニケーション／心を開く

チャンスとは大抵、人を介してやってくるもの。あなたの心をオープンにすることで嬉しいお知らせやお誘いが舞い込んでくるでしょう。

成就の時［昼］

太陽が一番高い時、スペシャルな自分に出会える

時刻でいうとまさに正午。ひとつ前の「内観の時」を経てようやく機が熟し、頑張ってきたことが最も明るい白昼の太陽の光のもとで、大きな成果として表れる時期です。望んだことが叶いやすく、目標が達成されたり、周りから注目されて人気を集めます。人生においてあらゆることが満たされ、努力してきた人はお金もきちんと入ってくる流れがやってきます。気力も高まり、直感も冴えてきます。夢が叶う方も多いでしょう。

ハッピーが集合したようなお祝いムードの時なので、お祝いをするなら大げさに祝いましょう。この時期に結婚式やお祝い事をするなら盛大に。周りからの注目を集め、あなたにスポットライトがあたる時なので、「とことん目立っていく、私が主役!」という前のめりの姿勢でいいくらいです。

プレッシャーから解放されて、才能や魅力が開花するので、揺るがぬ自信が何よりの助

けになるはず。

積み重ねてきた実績が結果となって表れる時期なので、仕事においては上司や取引先に努力が評価され、昇進・昇給のチャンスが訪れます。

反面、ここで欲を出しすぎないことが大切です。たとえば今の会社に満足していて、いい関係性が築けている状態で、現状よりいい条件でヘッドハンティングされたとします。ここで迷う人も多いと思いますが、迷ったら自分のことを正しく評価をしてくれているところに残ること。条件面だけをみて欲を出すと、あまりいい結果は生みません。但し、もし以前から会社を辞めたいと考えて準備してきたならば、転職しても大丈夫です。

ここで起業や大きな投資をするのもいいタイミング。企画やアイディアも通りやすいでしょう。

恋愛や出会い運も好調。今までの答えが出るような時でもあります。出会いが多く、あなたの魅力が高まり注目される時期になります。遠慮していると運気の流れも引いてしまうので、積極的な行動が大切です。望むならばですが、刺激的な恋愛も楽しめます。気持ちが高揚しているので、あまり結婚に興味がなかったという方でも結婚したい気分になる人も多いでしょう。ある程度のお付き合い期間があるお二人であればこの時期の結婚は、長く続く素晴らしいパートナーシップを築きやすい傾向にあります。

そして、相性が悪いと感じていたような人から自然と離れられたりと、プレッシャーやストレスから解放されて、気持ちが楽になる出来事も起きてきます。もし、離婚を考えていた人なら、ここでお別れという判断をしてもいいでしょう。様々なご縁と繋がりやすいので、自分にとってもう必要ないと感じるものは手放したほうが、さらに良い縁も入ってきやすくなります。

ここでの決断は人生の重要なポイントになってくるので、家や車などの大きな買い物や契約事にも良い時期です。

公私ともに充実していますが、同時に頑張りすぎてしまう時でもあるので、健康面には気を配り、セルフケアをしっかりとしてあげましょう。

良いことにも悪いことにも光があたる時

ここで注意していただきたいのが、本来は静かな時である［夜］の期間に大きな花を咲かせた方。

そのなかでも、想像以上の活躍や成功をおさめたにもかかわらず、そのことに感謝をせず、自分と向き合わず内観しないままでここまで過ごしてきてしまった人は、この「成就の時」にトラブルが起きやすく、真昼の太陽の光のもと、悪いことも表面化してきます。極端な話になると、何か悪いことをしてうまくいってしまった人が逮捕されやすいのもこの時期です。良くも悪くも注目を集めて目立ってしまう時なので、そういった過去にした悪いことも同時に表に出てしまう場合があります。

「成就の時」はそれまで積み重ねたものが結果として白昼の太陽の光のもとにさらされるということ。良いことも悪いことも含めて、それまでの生き方や考え方が具現化される時なのです。喜ばしい結果として表れたなら、自分をたくさん褒めてあげましょう！

《この時のまとめ・過ごし方のアドバイス》

- ☑ 周りから注目を集めて、忙しくなる時
- ☑ これまで積み重ねてきたものが評価される時
- ☑ お金が巡りやすく、大きな投資をしても良い
- ☑ 恋愛好調期。魅力が増して、周りからもアピールされやすい
- ☑ 別れを考えている人は手放したほうが、良縁が入ってくる
- ☑ 仕事面で評価され、昇給・昇進のチャンスも
- ☑ 転職で迷ったら正しく評価してくれる職場を選択するのが吉
- ☑ お祝いムードが最高潮に！　お祝い事をするなら盛大に
- ☑ 頑張りすぎてしまう時。セルフケアはしっかりと

Oracle Message

277 Jealousy / Envy

嫉妬／羨む

誰かを羨むことがあるのであれば、それはその人があなたの未来を映し出しているから。一旦「羨ましい」という感情を受け入れてみましょう。

調整の時［昼］

好調がゆえに今一度の調整が大切

時刻なら、14〜16時。午後のまどろみの中、楽しい気分で過ごせ、リラックスができる時。決して運気が悪いというわけではなく、むしろ右肩上がりで良い時ではあるのですが、そのような好調な状態が油断を生み、ご自身を過信してしまうと思わぬ落とし穴や壁にぶち当たり、トラブルの連鎖が起きてしまうことも。まさにランチタイムを終えた後に眠気が襲うような油断大敵といえる時期です。

ひとつ前の「成就の時」にスポットライトを浴びるような経験をたくさんしたことで、傲慢な態度になってしまわないように要注意です。ここで調子に乗ってしまうと体調を崩したり、軽率な行動から大切な仕事を失って信用をなくしたりなど、アクシデントやトラブルを招きやすくなります。注意力が散漫になるので、物をなくしたり、財布を落としたりもしやすい時。隙がうまれやすいため小さなトラブルに見舞われやすいので、自制心を持ちながら冷静に行動をすることが大事です。

お仕事でも準備不足や確認ミスを起こしやすいので、事前の準備やスケジュールの確認を忘れずにしましょう。遅刻なども増えそうです。本業に身が入らないタイミングだからこそ、本来やるべきことから目をそらさずに集中していきましょう。とはいえ、適度に気晴らしも大切なので、しっかり仕事をして、しっかりと遊ぶというようにメリハリをつけていくと運気が安定します。自分の好きな遊びや趣味は時間を作って楽しみましょう。仕事と遊びの公私混同をしないということも大切です。「調整の時」の開業、転職などは慎重に検討してください。できれば、ひとつ前の「成就の時」に決断をしておくか、この後の「飛躍の時」まで待つとベストです。

経済的・精神的ともに余裕があるがゆえに、大盤振る舞いをしやすく派手にお金を使ってしまいがちです。遊びに誘われることも多いでしょう。体験や経験にお金を使うことはいいのですが、「調整の時」の買い物は、結果的にはあまり良いといえる買い物にはならず、散財になりがちなので注意をしましょう。金銭面の運気はいいのですが、欲を出してお金を増やそうとするとかえって失敗したり、お金が目減りしてしまうことに繋がります。投資や新しいことを始めたり、方向転換はしないほうが懸命です。「調整の時」はあくまで現状維持で安定させ、次の「飛躍の時」まで少し様子をみましょう。

この時期は恋愛や結婚生活にも若干注意が必要です。というのも、ひとつ前の「成就の時」から周囲の注目を集めてきたので、魅力的な誘惑が多く、目移りをしやすい時なのです。この時期の出会いは真剣交際に発展しづらい傾向があります。また、調子に乗りがちな時なので脇も甘く、浮気をすると公になりやすい時期です。この時期はグレーな関係を持ってしまうと後に泥沼化することが多いため、深入りはせずにお友達としてのお付き合い程度にしておきましょう。仮にそういったことが起きてしまったとしても、気持ちを入れ替えて、浮気相手とはなるべく早くお別れを選択したほうが賢明です。責任感がいつもより欠如する時なので、勢いでの結婚や離婚をしてしまいがち。決断ごとにはあまり向いていません。ただ、逆にいえばこういう時運だからこそ思い切れるという方も。結婚はゴールではなく始まりです。もし、この時期に電撃婚をしたら、後に来る「完成の時」までに相手を深く知って尊敬し合える関係性を築けるよう、お互いに努力を惜しまないことです。ある意味では〝結婚〟という簡単には関係を解消できない環境下にあることで、夫婦としても人としても成長することができて強固な絆で結ばれます。

調整することでクリエイティブな感覚が研ぎ澄まされる

この時をたとえるならば、「ギラギラとした真夏の太陽の下での浮気な時期」ともいえます。運気が低迷しているわけではなく、好調だからこそ、陽気な雰囲気に流されて頑張りすぎてしまうと、些細なミスやアクシデントが起きやすいということ。甘い誘惑にはのらず、いい意味で気張らずにリラックスをして過ごすことを心掛けて。

そして、リラックスができる時はインナーチャイルドを解放してあげられるタイミングでもあるのです。さらに「調整の時」はクリエイティブな発想が豊かになりやすいので、クリエイターやアーティストなど、芸術的なお仕事をしている方は代表作がうまれるかもしれません。

つぎの「飛躍の時」に向けて、ここでいま一度あたりを見渡し、そして、ご自身の内なる声に耳を傾けて再調整をかけることで、大きくジャンプがしやすくなるのです。

《この時のまとめ・過ごし方のアドバイス》

- ☑ 好調でも調子に乗らず、過信しないこと
- ☑ 余裕があっても財布のヒモは引き締めて
- ☑ リスクのある行動は避け、現状維持を心がける
- ☑ バッグの中やお部屋の整理整頓はこまめに
- ☑ 浮わついた恋愛はご法度。相手を見極めて
- ☑ 気張らずに、気楽に過ごそう
- ☑ リラックスするとクリエイティビティが開花

Oracle Message

283 Decision / Support

決心／決断／サポート／パートナー

あなたのリーダーシップが発揮されていく時です。自信を持って行動すれば、自ずとサポート態勢も整っていきそうです。

飛躍の時［夕］

全ての経験がステップアップの役に立つ

時刻なら16～18時、ここから［夕］の期間になります。［朝］～［昼］の期間での実績が認められ、ここからさらに拡大して飛躍していきます。ここまでいろいろあった人たちも、V字形に持ち直す時です。そう、まさにあなたが大きくジャンプをし、美しい夕焼けの彼方へ飛び立つ時がきました。

再びチャンスが巡り始めるので、過去に諦めて後悔してしまったようなことに再チャレンジしてもいいでしょう。やりたいと思っていたこと、今まで温めていたことをここで新たに始めると幸運に繋がる時期になります。立て直しや再建にも向いており、これまでの夢や目標が形になりやすく、支援や応援をしてくれる方が現れやすい時です。

あなたがこれまで信じて歩んだ道を一緒に歩いてくれた人たちに改めて感謝を伝えてみ

ると、幸せの価値観がよりクリアになり、自分と周りのハッピーが突き詰められてキラキラした日々になるでしょう。今までサポートしてくれた人たちと輝きに満ちた世界を構築していくことができます。

成功も黒歴史も再開しやすいタイミング

この活動期の波に乗るためにも、これまでの経験で反省すべきことはちゃんと向き合い、見直しておくことが大事です。というのも、ご自身が黒歴史と思っているような失敗パターンというのを繰り返しやすい時期でもあるのです。

仕事でも人脈が拡大してご縁が繋がりやすくなるので、改めて実績が評価されて昇給・昇格することもあるでしょう。「成就の時」のように、周りがあなたに注目し、またここで盛り上がり始めます。思い切った行動でこれまでの努力が評価され、幸運を掴めます。以前は認められなかったことが今になって急に認められるようなこともあります。

過去にお世話になった人たちと再びお仕事を一緒にするようなことも出てくるかもしれません。過去、ご縁があった場所に積極的に出掛けていってもよいでしょう。

転職や起業、再就職など、これまでに準備してきたことを今こそ実行しましょう。経済的にも拡大しやすくなる時なので事業拡大をされる方も多いでしょう。投資や新規の契約、店舗の改装などにも向いています。これまでの契約書を整理して内容の見直しをするにも適した時期になります。

恋愛においても、同じく「再開」や「再会」がキーワードなので復縁も起こりやすい時期。過去から繋がりがある人と再び出会いを果たして、新たに恋愛関係が始まる人もいるかもしれません。そして、疎遠になってしまった人や想いを残している方がいるのであれば、この時期に連絡を取ると上手くいきやすい傾向があります。同窓会で当時憧れていた人に再会するというようなことも起こるかもしれません。ただ、同時に悪縁も再開しやすいため、腐れ縁になってしまっているお相手との関係はここできっぱり断ち切って。「飛躍の時」の活動期の足枷にならないように注意を傾けてみましょう。

長くお付き合いをしている方は将来に向けて具体的な話が進む時。ご結婚されている場合はお相手とのパートナーシップの見直しをすると関係性が良い方向に改善していきやすいでしょう。離婚経験者の方が再婚されることも多い時です。婚活中の方は以前からのご縁に目を向けてみて。

大きな買い物や契約などにも良いタイミングで、引っ越しや家の購入、リフォームなどにも向いています。そして、再会があらゆる分野で起こりやすいので、それにともなう交際費などがかさむことがありそうですが、ご縁が再び巡るための必要な出費だと捉えましょう。

何においても、再び始まり拡大していくこの時期。

今まではうまくいかなかったことでも、堰き止めていたものがはずれるように、驚くほどスムーズに流れる可能性が高まる時です。

そして、過去を見直して再構築するという意味では、「振り返りの時期」ともいえます。

ここ数年間を振り返り、やり残したこと、やり直したいと思っていることを掘り起こして。諦めかけた夢がある方は今こそ再チャレンジをしてみましょう。

「飛躍の時」に大きく飛び立つために、見直しの点検作業をしっかりとしてから素晴らしいリ・スタートを切りましょう。

《この時のまとめ・過ごし方のアドバイス》

- ☑ 過去に諦めたことがあれば再チャレンジを
- ☑ 今まで支えてくれた周りに感謝を伝える
- ☑ 失敗パターンも繰り返しやすいので、過去の見直しを
- ☑ 仕事においても注目され、実績が評価される時期
- ☑ 過去の恋愛が復活ムード。復縁の可能性も

☑ 離婚歴がある人は、ここで再婚をするといい時期

☑ 引っ越しや家の増改築、大きな買い物にも良いタイミング

Oracle Message

Purification

浄化／水に流す

心身の浄化が進んでいる時です。水分をたっぷり摂って、いらないエネルギーを外に排出してあげましょう。

完成の時［夕］

12の時のなかでとてもパワフルな時期

なりたかった自分になれる時。時刻でいうと18〜20時になり、これまでやってきたことが形になり、経済的にも精神的にも安定していきます。ここまで頑張ってきたからこそ、今があるという気持ちを忘れずに幸せを噛み締めましょう。

「最高にハッピーな今、欲しかったものをすべて手にいれる！」というくらいの積極的な行動が大切。決断や覚悟、新たな挑戦をすると幸運をさらに引き寄せます。

この時期は社会的な活動がフォーカスされやすくなるので、仕事運が高まります。世の中で認められる要素が大きく、物質的な豊かさを感じることが多くなります。仕事が順調なので、転職や起業や開業、事業拡大にもいい時期です。

とくにひとつ前の「飛躍の時」に再会した人や過去にご縁があった人たちと一緒に何か

をスタートすると、さらに拡大していくでしょう。ここでのご縁や身につけた習慣などは長いお付き合いになります。

努力したら努力した分だけ成果として返ってくる時なので、昇進や収入アップも十分に考えられます。これまでの実績を認められてリーダーを任されたり、役職についたりする可能性も高いので、最初はプレッシャーで逃げ出したくなるかもしれませんが、この時期のあなたならやり遂げられるので、自信を持って挑んでください。

金運も最高潮に！　後に続く資産形成を考えて

これまで経済的に苦戦した人やお金にご縁がなかった人たちも、12の時で一番ともいえる金運に恵まれます。あなたの金運が高まると同時に、周りにも経済的に成功した人が集まってくることが増えます。その人たちとのご縁のなかで、お金を使う機会が増えることがあるかもしれませんが、使う範囲さえ間違えなければ新しい世界を見ることができ、楽しく豊かな時間を過ごせます。人とのご縁を大切にし、そして、周りや人のためにお金を使う行動が幸運を呼び込みます。寄付やチャリティ活動もさらなる活動期のスパイラルを起こしていくでしょう。

大きな買い物や契約もベスト。ただ、順調だからと気持ちが大きくなりすぎて後先考えず高額のローンを組んだりすると、あとで苦しくなる場合も。良くも悪くも、この「完成の時」に始めたことは継続しやすいので、何かを買うなら、できるだけキャッシュにするか、ローンと組み合わせるなど、背伸びをしすぎないこと。計画性を持つことが大切です。豊かな経験は大切ですが、身の丈以上の無理は禁物、ということは肝に銘じましょう。また、これまで頑張ってきたからこそ、お金に対する自分なりの価値観が定まる時。本当に自分の心が満たされることは何か、改めて見直して仕事の仕方を変えたり、生活をシンプルに削ぎ落とすことでこの後の静かな「夜」の期間を穏やかに過ごせます。

お金にも心にも余裕ができ、自分が取り組んでいることに夢中になる時期なので、自ずとご自身の魅力が増し、非常に注目され愛される時です。ただ、仕事や社会活動に情熱を注ぎたいという気持ちのほうが勝るため、この時期は恋愛や結婚に目が向きにくい人も多いかもしれません。

運命的な出会いがある可能性も高く、告白、プロポーズ、入籍などの決断にも最高の運気。交際中なら、結婚へと話が進むことも。もし、この時期に結婚するならば、お相手も活動期の方か経済的に余裕がある方が運気も安定しやすい傾向にあります。

仕事、夢や目標など物質的な豊かさが溢れる時ですが、この時期までに頑張ってこなかった人、自分と向き合ってこなかった人はお金が入ってきづらくなります。逆にここで一攫千金を手にしたとしても、お金の正しい使い方を知らないことで、ここで人生が狂ってしまう場合もあります。これまでの過ごし方によって結果が変わってくるので、自分を省みることを怠らず、ひとつ前の「飛躍の時」に本当にやりたいことを再確認してから、この「完成の時」を迎えると良いでしょう。

《この時のまとめ・過ごし方のアドバイス》

- ☑ 過去にご縁があった人、再会した人と何かを始めるような流れも
- ☑ お金は人のためや、新しい世界を経験するために使って
- ☑ お金は使う範囲を決め、過度なリスクは負わない
- ☑ 大きな決断や覚悟に向く時
- ☑ 心の余裕があるからこそ、本当にやりたいことを再確認
- ☑ 寄付やチャリティ活動で幸運のスパイラルができる
- ☑ 自分と向き合い、軸をしっかり定めるべき時

Oracle Message

Transformation

変容／変化／自分軸

今、大きな変容が訪れようとしています。焦らず恐れず、あなたが自分の中心から動かなければ周りの現実が勝手に変化してくれます。

感謝の時［夜］

今まで駆け抜けてきた時、そして自分にも感謝を

時刻でいうと20～22時。家で家族との団欒を過ごしたり、気を許した友人たちとディナーの時間を楽しむ……そのようにこれまで頑張ってきた人にとってご褒美のような幸せがやってきます。12の時の最後の時期に向かって、集大成を迎えます。ゆとりと余裕を持った、落ち着いた中にも幸福を感じるような時間を過ごすことができます。

ひとつ前の「完成の時」の影響で、前半は好調だと感じる流れが続いていきますが、後半は次なる時運への準備期間。この次の「浄化の時」から、［夜］の期間のなかでも深夜のバイオリズムに移り変わるので、新しいことを積極的に始めるタイミングというよりは、これまでの12周期の振り返りをしていくと良い時になります。

ここまでの［朝］～［夜］の期間に実ったものに思いを馳せ、充実感を味わえる時期な

ので、成果を得られた人は精神的にも物質的にも満たされやすく豊かさを感じられます。だからこそ謙虚さを忘れずに。ここで過信したり調子に乗ると、まわりが離れていってしまいます。人の話やアドバイスをよく聞いて、自重しましょう。

やり残したことは前半に集中して取り組んで

これから訪れる静寂の時期に備えて、攻めるよりは守りに入り始める時ではありますが、何かここまでにやり残したことがないか再確認して、まだ間に合いそうなら前半でやり切ってください。たとえば引っ越し、家を建てる、起業するなど、それが望むことならばここで完成させましょう。そして、この時期に始めたことはできるだけ早めに完結・安定させて、次の時に持ち越さないことが大切です。

お仕事では、前半は今までの努力を認められて満足な結果を出せます。ただ、運気の流れが良い分、成果が出たことに満足して集中力の糸が切れてしまい、後半に入るとゆるやかにペースダウンして仕事に集中できなくなる傾向があります。仕事と遊びのメリハリをしっかりとつけていきましょう。

経済的には基本的に拡大よりもリザーブを心掛けて。契約事や大きな買い物は前半に済ませて、後半は使うことよりも貯めることに目を向けて、必要なものだけ購入するようにしましょう。ひとつ前の「完成の時」の流れから、ここでいい習慣をつくると続きやすいため、思った以上の貯蓄ができることも。現状維持を続けて、［朝］の期間にまた新たなるスタートを切れるように過ごしましょう。

恋人やパートナーとは前半は楽しい時間を過ごせますが、後半は言葉選びやタイミングなどに注意をして、コミュニケーションを図っていくと良好な関係性が保てます。

そして、恋愛や結婚も、最後の駆け込みをして決断をしたほうがいい時です。お相手がいるのであれば、ここでしっかりと気持ちを伝えて、これまでの関係を完成させるか、またはお別れという区切りをつけるといいでしょう。

入籍には良い時です。ただ、相手の良い面ばかりフォーカスせずに、この後にやって来る静かなる深夜の時期を一緒に過ごしていけるのかをしっかりと見極めて。ここでダメなところも見せ合っておくほうがお互いに相手を受け入れられます。よく見せようと繕ってばかりいると、この後の［夜］の深夜の期間に想定外なことが起きたり、悪い面が目立ってきてしまいます。「この人ってこういうところがあるな」と、長所も短所も全部理解したうえで一緒になるといいでしょう。

お別れや離婚を決断する場合もできるだけ前半に終えておくと良いでしょう。

後半になると体調に気をつけたほうがいい時期に入るので、前半のうちに検診を受けたり、体のメンテナンスをしたりして、体調管理をしておきましょう。

そして、この時にもっとも心掛けてほしいことがこの集大成までを振り返り、〝感謝をする〟ということ。どのような事も、すべて今の自分を形作るのに必要な出来事や出会いだったと感じながら、周りにも、そして何よりも頑張ってきた自分に感謝をして過ごしましょう。

この時期までに実ったものを温めながら、この先にある深夜の期間の静寂をいかに楽しんで過ごしていけるかに目を向けていきましょう。

《この時のまとめ・過ごし方のアドバイス》

- ☑ やり残したことがあれば、前半に完結させる
- ☑ 調子がよくても、謙虚さを忘れずに
- ☑ 新しいことはなるべく始めず、現状維持を
- ☑ お金はプールして、今後のために備えておく
- ☑ 結婚や大きな買い物などは次に持ち越さず決断する
- ☑ パートナーとは良い面も悪い面も共有する
- ☑ 周りにも、自分自身にも感謝の心を

Oracle Message

Abundance

豊かさ／豊穣／享受

お金はエネルギーです。あなたが自分の中に豊かさを見出せば、沢山の豊かさとなって返ってくるのです。

浄化の時［夜］

これまでの自分を労って優しく癒していく時間

1日の疲れをバスタイムでゆったりと癒し、眠りの準備を始める時刻である22〜24時。「浄化の時」というのは、「やっとたどり着いた場所で、私を優しく抱きしめる」、そのような時になります。

この「浄化の時」から、一旦静かに立ち止まる3年間が始まります。1年でいうと12月の年の瀬のようなもの。新しいことを始めたり、出会いを求めたり、去る人を追うのではなく、目の前にある仕事やお金、そして今一緒にいるパートナーや大切な人たちとのかけがえのない関係を温めていく時期。「自分にとって大事なもの」を再確認することで本来のあなたを取り戻すことのできる良いタイミングです。

ひとつ前までの躍動感のある活動期から徐々に穏やかな方向へと風向きが変わっていく

ので、時には不慣れと感じることや苦手なことに直面することもあるでしょう。たとえば今まで一緒にいた人が離れていったり、予期せぬことも起こるかもしれません。この時期は、そんなアクシデントが起きても焦らず、冷静になることが大切です。ゆったりとした眠りに入る前に、余計なノイズはシャットアウトしたいもの。静かなる時を過ごすために、あなたにとってはもう不要となるような関係が浄化されていくだけなのです。

ここから3年間はなるべく動かずゆったりと休息をとるような時ですが、大きな決断や環境を無理に変えようとしなければ問題はありませんので安心してくださいね。

お仕事では、今までの頑張りによってはこの時期に昇格することもありますが、その分、大変なポジションなどを任されることがあります。至らないところを突っ込まれやすい時期ですが、謙虚な気持ちを忘れないようにしましょう。ここまで忙しく動いてきたため、疲れが少し出てきているので、判断力が弱まり、人を見る目が低下することも。起業や新規事業など、新たに立ち上げたり拡大させることは立ち止まってよく検討を。経済的にも勢い任せの行動は避けて、貯蓄や現状維持が大切です。資格取得やスキルアップの勉強に取り組むことはいいでしょう。

［夜］の期間、とくに切り替えの時間の0時前となる「浄化の時」には突然、家電が壊れて修理や買い替えが必要になったり、体調を崩して医療費がかかったりすることがあるので、いざという時のために備えておきましょう。やみくもに動かず、蓄えの準備を始めていく時です。

新しい出会いは立ち止まって状況を見渡して

恋愛では魅力的な人に出会っても、この時期の新たなご縁はお互いに課題があることが多いので、好きになった相手にはすでに恋人がいたり、実は既婚者であるといったパターンも。魅力的な出会いがあっても浮かれないことが大切です。ここで気になる人ができた場合は慎重に、冷静にお相手の状況を見渡してから関係を進めて。今現在、すでにパートナーがいらっしゃるのであれば、そのお相手の魅力を見つめ直して大切にしていくほうにフォーカスすると良い時です。長くお付き合いしている場合、入籍はひとつ前の「感謝の時」の前半に決断しておくとベスト。ここからは育み温めていくことに集中してください。パートナーとのコミュニケーションでは自己主張は控えめにして、聞き役に徹することを心掛けるとうまくいきやすいでしょう。そして、途切れてしまったご縁はなんとか修復しようとやっきになるのではなく、時間が解決してくれるのを待ちましょう。

これまでの12年間を駆け抜けてきた分、実際に体力が落ちてくる時でもあります。不調を放置してしまうと、この後少し長引いてしまうことも。体調を崩しやすい時期なので、予防としての健康管理の習慣を始めたり、気になるところはチェックをしておきましょう。そうすることで、身体的なダウンを防ぐことができます。

休日や平日の眠りにつく前は心身ともに休んで、好きな音楽を聴いたり、リラックスして過ごしましょう。体をこまめに確認し、この機会にマインドフルネスやメディテーション、ヨガなどをライフスタイルに取り入れるのも良いでしょう。スピリチュアルなことに関心を持ったり、今の自分の思いや状況を見つめて、セルフメンテナンスや浄化の時間を大切に。次なる［朝］の期間から元気に動き出し、実りあるものにするためにも、体力も気力もこの時に充足させておきましょう。

自分にとって真に大切なもの、本当の幸せとは何か――。穏やかに過ごす時間のなかで、そんなことに目を向けてご自身の内側と対話してみましょう。

《この時のまとめ・過ごし方のアドバイス》

- ☑ むやみに新しいことには挑戦せず、穏やかに過ごす
- ☑ 疲れが出やすい時期なので、体のケアを意識して
- ☑ 自分軸を意識して、価値観や考え方の見直しを
- ☑ お金儲けなど、いい話には気をつける
- ☑ 大切にしたいものや人を改めて見つめ直す
- ☑ 判断力が低下しているので、新しく出会った人には注意を
- ☑ 好きな音楽を聴いたりして心身ともにリラックスさせて

Oracle Message

307 Dependent

愛着／執着

今のあなたは少し持ちすぎているかもしれません。あなたにとって必要がないものは、この際思い切って手放してみましょう。

ディスティニーナンバー
& My cut早見表

ディスティニーナンバー算出方法

1. 次ページからの早見表で生まれた西暦と月が
交差しているところをチェック。

2. 生まれた日に**1.** の数字を足します。
それがあなたのディスティニーナンバーです。
※60以上になった場合は合計数から60を引いてください。

3. 生まれた年（西暦）の下一桁が
偶数の場合は「太陽」、
奇数の場合は「月」になります。

ディスティニーナンバーバー	六宝陰陽タイプ(偶数)	六宝陰陽タイプ(奇数)
1 ～ 10	太陽のアメジスト	月のアメジスト
11 ～ 20	太陽のトパーズ	月のトパーズ
21 ～ 30	太陽のルビー	月のルビー
31 ～ 40	太陽のパール	月のパール
41 ～ 50	太陽のエメラルド	月のエメラルド
51 ～ 60	太陽のサファイア	月のサファイア

［例：1990年1月1日生まれの場合］早見表で交わる数字が2＋誕生日の1を足す＝運命数は3になります。 生まれた年の西暦の下一桁が偶数なので、六宝陰陽タイプは太陽のアメジストになります。

西暦	My cut	1月	2月	3月	4月	5月	6月	7月	8月	9月	10月	11月	12月
1924	ブリオレット	15	46	15	46	16	47	17	48	19	49	20	50
1925	オクタゴン	21	52	20	51	21	52	22	53	24	54	25	55
1926	ラディアント	26	57	25	56	26	57	27	58	29	59	30	0
1927	カボション	31	2	30	1	31	2	32	3	34	4	35	5
1928	トリリアント	36	7	36	7	37	8	38	9	40	10	41	11
1929	ペア	42	13	41	12	42	13	43	14	45	15	46	16
1930	バゲット	47	18	46	17	47	18	48	19	50	20	51	21
1931	クッション	52	23	51	22	52	23	53	24	55	25	56	26
1932	ボール	57	28	57	28	58	29	59	30	1	31	2	32
1933	マーキーズ	3	34	2	33	3	34	4	35	6	36	7	37
1934	オーバル	8	39	7	38	8	39	9	40	11	41	12	42
1935	シザーズ	13	44	12	43	13	44	14	45	16	46	17	47
1936	ブリオレット	18	49	18	49	19	50	20	51	22	52	23	53
1937	オクタゴン	24	55	23	54	24	55	25	56	27	57	28	58
1938	ラディアント	29	0	28	59	29	0	30	1	32	2	33	3
1939	カボション	34	5	33	4	34	5	35	6	37	7	38	8
1940	トリリアント	39	10	39	10	40	11	41	12	43	13	44	14
1941	ペア	45	16	44	15	45	16	46	17	48	18	49	19
1942	バゲット	50	21	49	20	50	21	51	22	53	23	54	24
1943	クッション	55	26	54	25	55	26	56	27	58	28	59	29
1944	ボール	0	31	0	31	1	32	2	33	4	34	5	35
1945	マーキーズ	6	37	5	36	6	37	7	38	9	39	10	40
1946	オーバル	11	42	10	41	11	42	12	43	14	44	15	45
1947	シザーズ	16	47	15	46	16	47	17	48	19	49	20	50
1948	ブリオレット	21	52	21	52	22	53	23	54	25	55	26	56
1949	オクタゴン	27	58	26	57	27	58	28	59	30	0	31	1
1950	ラディアント	32	3	31	2	32	3	33	4	35	5	36	6
1951	カボション	37	8	36	7	37	8	38	9	40	10	41	11
1952	トリリアント	42	13	42	13	43	14	44	15	46	16	47	17
1953	ペア	48	19	47	18	48	19	49	20	51	21	52	22
1954	バゲット	53	24	52	23	53	24	54	25	56	26	57	27
1955	クッション	58	29	57	28	58	29	59	30	1	31	2	32
1956	ボール	3	34	3	34	4	35	5	36	7	37	8	38

西暦	My cut	1月	2月	3月	4月	5月	6月	7月	8月	9月	10月	11月	12月
1957	マーキーズ	9	40	8	39	9	40	10	41	12	42	13	43
1958	オーバル	14	45	13	44	14	45	15	46	17	47	18	48
1959	シザーズ	19	50	18	49	19	50	20	51	22	52	23	53
1960	ブリオレット	24	55	24	55	25	56	26	57	28	58	29	59
1961	オクタゴン	30	1	29	0	30	1	31	2	33	3	34	4
1962	ラディアント	35	6	34	5	35	6	36	7	38	8	39	9
1963	カボション	40	11	39	10	40	11	41	12	43	13	44	14
1964	トリリアント	45	16	45	16	46	17	47	18	49	19	50	20
1965	ペア	51	22	50	21	51	22	52	23	54	24	55	25
1966	バゲット	56	27	55	26	56	27	57	28	59	29	0	30
1967	クッション	1	32	0	31	1	32	2	33	4	34	5	35
1968	ボール	6	37	6	37	7	38	8	39	10	40	11	41
1969	マーキーズ	12	43	11	42	12	43	13	44	15	45	16	46
1970	オーバル	17	48	16	47	17	48	18	49	20	50	21	51
1971	シザーズ	22	53	21	52	22	53	23	54	25	55	26	56
1972	ブリオレット	27	58	27	58	28	59	29	0	31	1	32	2
1973	オクタゴン	33	4	32	3	33	4	34	5	36	6	37	7
1974	ラディアント	38	9	37	8	38	9	39	10	41	11	42	12
1975	カボション	43	14	42	13	43	14	44	15	46	16	47	17
1976	トリリアント	48	19	48	19	49	20	50	21	52	22	53	23
1977	ペア	54	25	53	24	54	25	55	26	57	27	58	28
1978	バゲット	59	30	58	29	59	30	0	31	2	32	3	33
1979	クッション	4	35	3	34	4	35	5	36	7	37	8	38
1980	ボール	9	40	9	40	10	41	11	42	13	43	14	44
1981	マーキーズ	15	46	14	45	15	46	16	47	18	48	19	49
1982	オーバル	20	51	19	50	20	51	21	52	23	53	24	54
1983	シザーズ	25	56	24	55	25	56	26	57	28	58	29	59
1984	ブリオレット	30	1	30	1	31	2	32	3	34	4	35	5
1985	オクタゴン	36	7	35	6	36	7	37	8	39	9	40	10
1986	ラディアント	41	12	40	11	41	12	42	13	44	14	45	15
1987	カボション	46	17	45	16	46	17	47	18	49	19	50	20
1988	トリリアント	51	22	51	22	52	23	53	24	55	25	56	26
1989	ペア	57	28	56	27	57	28	58	29	0	30	1	31
1990	バゲット	2	33	1	32	2	33	3	34	5	35	6	36

西暦	My cut	1月	2月	3月	4月	5月	6月	7月	8月	9月	10月	11月	12月
1991	クッション	7	38	6	37	7	38	8	39	10	40	11	41
1992	ボール	12	43	12	43	13	44	14	45	16	46	17	47
1993	マーキーズ	18	49	17	48	18	49	19	50	21	51	22	52
1994	オーバル	23	54	22	53	23	54	24	55	26	56	27	57
1995	シザーズ	28	59	27	58	28	59	29	0	31	1	32	2
1996	ブリオレット	33	4	33	4	34	5	35	6	37	7	38	8
1997	オクタゴン	39	10	38	9	39	10	40	11	42	12	43	13
1998	ラディアント	44	15	43	14	44	15	45	16	47	17	48	18
1999	カボション	49	20	48	19	49	20	50	21	52	22	53	23
2000	トリリアント	54	25	54	25	55	26	56	27	58	28	59	29
2001	ペア	0	31	59	30	0	31	1	32	3	33	4	34
2002	バゲット	5	36	4	35	5	36	6	37	8	38	9	39
2003	クッション	10	41	9	40	10	41	11	42	13	43	14	44
2004	ボール	15	46	15	46	16	47	17	48	19	49	20	50
2005	マーキーズ	21	52	20	51	21	52	22	53	24	54	25	55
2006	オーバル	26	57	25	56	26	57	27	58	29	59	30	0
2007	シザーズ	31	2	30	1	31	2	32	3	34	4	35	5
2008	ブリオレット	36	7	36	7	37	8	38	9	40	10	41	11
2009	オクタゴン	42	13	41	12	42	13	43	14	45	15	46	16
2010	ラディアント	47	18	46	17	47	18	48	19	50	20	51	21
2011	カボション	52	23	51	22	52	23	53	24	55	25	56	26
2012	トリリアント	57	28	57	28	58	29	59	30	1	31	2	32
2013	ペア	3	34	2	33	3	34	4	35	6	36	7	37
2014	バゲット	8	39	7	38	8	39	9	40	11	41	12	42
2015	クッション	13	44	12	43	13	44	14	45	16	46	17	47
2016	ボール	18	49	18	49	19	50	20	51	22	52	23	53
2017	マーキーズ	24	55	23	54	24	55	25	56	27	57	28	58
2018	オーバル	29	0	28	59	29	0	30	1	32	2	33	3
2019	シザーズ	34	5	33	4	34	5	35	6	37	7	38	8
2020	ブリオレット	39	10	39	10	40	11	41	12	43	13	44	14
2021	オクタゴン	45	16	44	15	45	16	46	17	48	18	49	19
2022	ラディアント	50	21	49	20	50	21	51	22	53	23	54	24
2023	カボション	55	26	54	25	55	26	56	27	58	28	59	29
2024	トリリアント	0	31	0	31	1	32	2	33	4	34	5	35

バイカラーストーンとは?

「バイカラーストーン」という、生まれながらに
2つの気質や運気を持ち合わせた方々が
12人におひとりの割合で存在します。
以下の12タイプが「バイカラーストーン」にあたります。

六宝陰陽タイプ		My cut
太陽のアメジスト	×	オーバル
月のアメジスト	×	シザーズ
太陽のトパーズ	×	ボール
月のトパーズ	×	マーキーズ
太陽のルビー	×	バゲット
月のルビー	×	クッション
太陽のパール	×	トリリアント
月のパール	×	ペア
太陽のエメラルド	×	ラディアント
月のエメラルド	×	カボション
太陽のサファイア	×	ブリオレット
月のサファイア	×	オクタゴン

バイカラーストーンの向かい合う六宝

アメジスト	⇔	パール
トパーズ	⇔	エメラルド
ルビー	⇔	サファイア

※陰陽（太陽or月）はメインの六宝陰陽タイプと同じものになります。たとえば、太陽のアメジストの場合は、向かい合う六宝陰陽タイプは太陽のパールになります。

バイカラーストーンの向かい合う時運

休息の時	⇔	成就の時
変化の時	⇔	調整の時
挑戦の時	⇔	飛躍の時
拡大の時	⇔	完成の時
選択の時	⇔	感謝の時
内観の時	⇔	浄化の時

どんなことが起きるの？

バイカラーストーンの方は向かい合う六宝陰陽タイプの性質や時運の影響も同時に受けます

たとえば、「月のルビー×クッション」のバイカラーストーンの場合、メインは「月のルビー」になりますが、ルビーと向かい合うのはサファイアなので、「月のサファイア」の影響も受けることになります。

月のルビーは、自分軸をしっかり持ち、はっきりと自己主張ができる人。そして、月のサファイアは人当たりが良く、気遣いができ、空気を読むことに長けている人なので、〝自己主張はできるけれど、気遣いもできる人当たりが良い性質〟となります。ただ、ともすると自分軸はあるけど、空気をついつい読んでしまうということにもなるため、ご本人にとっては相反する性質が苦しく感じる場面も出てくるかもしれません。

また、どちらの性質が出やすいかは、人それぞれとなるので、捉えどころない人と思われることも。

このように「六宝陰陽タイプ」の2つの性質が入り組み、その特徴が真逆の場合もあるため複雑にはなってきますが、それだけ多くの才能や個性をお持ちということ。世界的なアーティストや金メダリストなどにもバイカラーストーンの方が多くいらっしゃいます。

「時運」も異なる2つのバイオリズムの影響を受けるため、ともすると振り幅の大きい人生になる場合もありますが、どちらも活動期であればチャンスが2倍になったりと、他の方にはないような驚くような嬉しい出来事も起こります。

貴重な個性と捉えて、バイカラーストーンならではの変化に富んだ生き方を楽しみましょう。

おわりに

今までもいくつかの書籍を出版させていただきましたが、占い書籍としては初となる『ＩＲＯＨＡの六宝陰陽学』。奇しくも私にとって、今までの経験や活動が形になる「飛躍の時」に制作がスタートをして、「完成の時」に発売をすることができました。

東洋占術と陰陽五行の哲学をベースにしたオリジナルメソッドなので、聞き慣れない言葉なども出てきたかと思いますが、あなたの受け取ったときの感覚で読んでいただければ幸いです。

「六宝陰陽学」では占術を用いて、生まれ持った性質や運気など、生涯を通してベースとなることを、ＹｏｕＴｕｂｅの「ＩＲＯＨＡ ＴＡＲＯＴ」では、タロットによるインスピレーションリーディングで、その時々の気持ちや現状を掘り下げたり、現在から1年以内くらいに起きることをテーマごとにクローズアップしています。

状況やシーンにあわせて、
ときには組み合わせて活用していただければより理解が深まるかと思います。

また、YouTubeでもお伝えしているのですが、
〝観ていただいたその瞬間がタイミング〟です。

本書も開いたその時によって、
同じ内容でも受け取る感覚やメッセージが変わってくるはず。

繰り返しお伝えしていますが、
性質や個性にポジティブ・ネガティブの分類はありませんし、

運気にも良い悪いはありません。

たとえば、ご自身でネガティブと感じるような個性も、
場所を選べば才能や魅力を大きく開花させることができます。

そして、一見、不運と感じてしまうような状況に遭ってしまっても、
実際には視点を変えてみると後に幸運に繋がっていることに気付かれると思います。

すべてがあなたにとって必然・必要なこととして存在しているのです。

ただ、運の流れには変化のタイミングというものがあるので、
前もって本書で「時運」を知っておくことで、
過ごしやすい毎日を送ることができます。

「時運」は点ではなく、

全体の流れを俯瞰してみてみると、時が持つタイミングを生かして輝くことができます。

一番大事にしていただきたいことは、占いの結果ではなく、その結果をどのように受け止め、行動するかです。

占術や統計学、カードはひとつのツールであり、私は皆さんの生き方に癒しと気付きのきっかけとして存在するメッセンジャーにすぎません。

それでも、皆さんにとって愛と希望の彩りを添える最高のメッセンジャーとして、本書とともに伴走させていただければ、これ以上の喜びはありません。

——愛と光溢れる毎日を。

ありがとうございます。

IROHA

ライフコンサルタント・シンガーソングライター・画家・作家

幼い頃からのチャネリング能力をいかし、2020年よりYouTubeにて「IROHA TAROT」を配信スタート。IROHA名義チャンネル合計で約35万人(2024年夏現在)を超える登録者数を誇る。カードリーディングを取り入れた独自のコンサルティングで、"願いを叶える、セルフラブ"をテーマとしたウェルビーイングを提唱している。

IROHA TAROT

https://www.youtube.com/@irohatarot4966/featured

イロハの宇宙部

https://www.youtube.com/@user-gy1cx5kz4e

デザイン　渡辺綾子
イラスト　Makiko Tanaka
校正　株式会社円水社
DTP製作　株式会社明昌堂
編集　長谷川直子（長谷川企画）
編集協力　今川真耶、竹尾園美
編集部　原田敬子

参考文献
『決定版 宝石』（世界文化社刊）
『起源がわかる宝石大全』（ナツメ社刊）
『物語のある鉱物図鑑』（三才ブックス刊）

IROHA
の六宝陰陽学

発行日　2024年10月15日　　初版第1刷発行

著者　　　　IROHA

発行者　　　岸 達朗
発行　　　　株式会社世界文化社
　　　　　　〒102-8187　東京都千代田区九段北4-2-29
　　　　　　電話　03-3262-6632（編集部）
　　　　　　　　　03-3262-5115（販売部）

印刷・製本　中央精版印刷株式会社

ISBN 978-4-418-24220-7